조용한 영향력

현장에서 배우고
돌아본 리더십 이야기

저자
최미섭

리더십은 하루아침에
완성되지 않습니다.
매일 쌓이는 작은 조각이
내일의 큰 힘이 됩니다.

도서출판
동

현장에서배우고
돌아본 리더십 이야기

배우고 실천하지 않으면
실제로는 배운 것이 아니다.
이해하고 적용하지 않으면
실제로는 이해한 것이 아니다.
지식과 이해를 자기 것으로 만드는 길은
실행과 적용뿐이라는 생각으로
리더십을 실천하고자 글을 쓰기 시작했다.

리더십 문화를 만들어 가는 데
소중한 이정표가 되길

    충남교육청은 '행복한 학교 학생 중심 충남교육' 이라는 비전을 바탕으로, 전국 최고 수준의 교육을 선도적으로 실현해 나가고 있습니다. 이 모든 성과는 끊임없는 탐구와 고민을 거듭해 온 우리 충남교육청 교직원들의 헌신과 열정이 맺은 소중한 결실이라 믿어 의심치 않습니다.

    이처럼, 교육 현장에서 쌓아 온 성찰과 숙고 그리고 리더십에 대한 진심 어린 사유를 한 권의 책으로 엮어 주셔서 매우 뜻깊고 기쁘게 생각합니다. 자신의 경험을 바탕으로 글을 쓴다는 것은 단순한 기록을 넘어 삶에서 얻은 지혜를 세상과 나누는 귀중한 실천입니다.

    저자인 최미섭 사무관은 35년 세월 동안 충남교육청의 다양한 교육기관과 영역에서 리더십을 키우고 이를 실천해 왔습니다. 2014년에는

여성 학교장의 지도성에 관한 연구로 교육학 박사학위를 취득하였고
이후에도 풍부한 현장경험을 바탕으로 조직 내 리더가 어떻게 소통하
고 협력하며 성장을 이끌어야 하는지를 끊임없이 고민해 왔습니다.

　탁월한 통찰과 생생한 경험이 어우러진 이 책은 리더십에 대한 깊은
이해는 물론, 현실에서 길어 올린 실천적 지혜와 나눔의 진정성이 고스
란히 담긴 귀한 기록입니다. 이 책이 우리 교육 조직의 현재와 미래의
리더들에게 서로를 존중하고 함께 성장하는 리더십 문화를 만들어 가
는 데 소중한 이정표가 되기를 기대합니다.
　출간을 진심으로 축하드립니다.

충청남도교육감 김지철

날마다 배우며
나날이 성장하기를 희망한다

　2007년 리더십에 대해 공부하기 시작했다. 리더십은 단순한 이론도 아니고 타고나는 것도 아니었다. 자기 성찰을 통해 끊임없이 학습하고 실천하는 훈련을 통해 계발할 수 있다. 배우고 실천하지 않으면 실제로는 배운 것이 아니다. 이해하고 적용하지 않으면 실제로는 이해한 것이 아니다. 지식과 이해를 자기 것으로 만드는 길은 실행과 적용뿐이라는 생각으로 배운 리더십을 실천하고자 글을 쓰기 시작했다. 리더십 공부하기를 잘했다고 생각한다.

　나는 지금 충청남도교육청 중간관리자이다. 날마다 스치는 생각, 확신이 드는 생각들을 틈틈이 글로 옮기며 성찰하는 습관을 가져 왔다. 아침형 인간인 나는 이른 아침 책을 읽고 글을 쓰고 운동도 한다. 전날을 반성하고 오늘을 계획한다. 독서 후에는 각 주제에 대한 나의 생각과 생활에 적용할 수 있는 방법을 정리하여 글을 쓴다. 한동안 노트에 적다가 지금은 블로그에 정리한다. 보이기 위한 블로그가 아니다. 생각의 저장 창고이다. 언제 어디서나 쓰고 볼 수 있어서 좋다. 그렇게 모아진 단상들이 차곡차곡 쌓였다. 그리고 문득 책으로 펴내고 싶어졌다. 그리 만만한 일은 아니었다. 문학적 '끼' 가 모자라 유려한 문장은 못되지만 솔직담백하게 썼다. 여러 해 대학에서 교육행정 강의를 하고 교육연수원에서 리더십 강의를 해오며, 후배들에게 도움이 될 만한 책을 써야 한다는 소명 같은 것을 느낀 것이 직접적 동기이다.

 책을 내는 데 도움을 준 분들이 있었다. 누구보다도 박용주 박사님이다. 교육자이며 시인인 그는 퇴임 후 공주 수촌리 '해밝은 작은 도서관'을 경영하며 쉬지 않고 글을 쓴다. 그리고 글을 쓰는 이들을 힘껏 돕는다. 나 역시 그 창작모임에서 많이 성장했다. 작가들이 서로 응원하며 저마다의 저서를 낼 용기를 얻는다.
 이 책이 현재와 미래의 행정 조직 리더들(특히 중간 간부들)에게 도움이 되기를 기대한다. 논어에 '下學而上達(하학이상달)' 이라는 말이 있다. 학문의 가장 높은 이치와 수양의 가장 높은 경지는 고차원의 배움이 아니라 사소한 배움으로부터 비롯된다는 말이다. 모든 일상이 배움이 될 수 있다. 가까운 사람, 지나치는 사람, 심지어 날마다 보는 온갖 사물과 자연 현상에서도 배움을 얻을 수 있다. 날마다 배우며 나날이 성장하기를 희망한다. 때로는 홀로, 때로는 함께.

최미섭

목차

제1부

일의 태도
기본에서 시작하다

사람들은 실패나 부정적인 경험을
'정상적인 삶의 일부'로 받아들인다.
지금 당장의 '실(失)'은
먼 훗날 '득(得)'이 되어
내 삶의 목적지에 도달하게 할 것이다.

리더는 길을 아는 사람, 길을 가는 사람,
그리고 길을 보여주는 사람이다.

- 존 C. 맥스웰-

남들이 알아주지 않는 일

주목받는다는 것. 어떤 일을 할 때 유달리 주목을 받는 사람이 있는가 하면 아무리 좋은 일을 하고 도움이 될 만한 일을 해도 세상 한켠에 숨어 잘 표가 안 나는 사람이 있다. 요즘은 자기 홍보 시대다. 누구나 손쉽게 SNS를 통해 자신이 무엇을 하고 있는지, 어떤 취향을 가지고 있는지 자신 있게 드러낸다.

관심을 받고 싶어하는 사람을 일컫는 '관종'은 '자신을 홍보하지 않으면 아무도 알아주지 않는다.'라고 생각하며 어떤 방법으로든 주위의 관심을 끌며 이목을 집중시키려고 한다.

정치인들은 흠집이 나더라도 미디어에 노출되는 것이 다음 선거를 위해 유리하다고 여긴다. 시인이나 소설가도 자신의 작품이 널리 알려지고 많이 팔려야 성공가도를 달릴 수 있다. 우리는 자신과 자신이 하는 일을 알려야 성공한다고 하는 시대에 살고 있다. 그러나 중요한 것은 얄팍한 현실적 유혹에 현혹되어 깊이 없는 홍보만을 목적으로 한 알림은 언젠가는 그 바닥을 드러내고 만다는 점이다. 진실성이 없기 때문이다.

지금 자신의 자리에서 최선을 다한다면 그 일은 언젠가 빛을 발하며 알려지게 된다. 그것은 본인의 입이 아니라 다른 사람들이 먼저 알고 입에서 입으로 전해진다. 아무도 알아주지 않아도 자신의 일에 최선을 다하는 사람은 결국 그 진정성을 인정받고 알려지게 된다. 결국 아무도 알아주지 않는 가운데서도 묵묵히 자기의 길을 걸어가는 진실성이야말로 리더가 갖추어야 할 덕목이다.

직장에는 많은 사람들이 가고 싶어하는 선호 부서와 가기를 꺼리는 비선호 부서가 있다. 선호부서는 일이 다소 많더라도 권한이 크거나 승진이 빠른 자리다. 그런 자리는 사람들의 관심을 받게 되고 남들이 인정해주는 자리이기도 하다. 반면 비선호 부서는 자질구레한 일은 많지만 권한은 크지 않고 민원에 시달리며 승진에 대한 인센티브도 거의 없다.

사람들은 당연히 남들이 부러워하는 자리, 알아주는 자리에서 일하고 싶어 한다. 나 역시 선호 부서에서 일하고 싶었다. 하지만 주로 비선호 부서에서 근무했다. 남들이 기피하는 부서, 별다른 권한도 없는 자리, 남들이 "거길 뭐 하러 갔어?" 하며 걱정스러워하는 부서에서 주로 일을 했다.

그러나 누군가는 그 자리를 채워야 한다. 치열한 경쟁 속에서 내가 선호하는 부서에는 능력이 부족해서 배치되지 못했는지는 모르겠다. 그러나 분명한 것은 중요하지 않은 자리는 없다는 것이다. 모든 자리는 나름의 이유와 가치를 가지고 있으며, 없어서는 안 될 소중한 자리다.

영국 소설가이자 시인인 에밀리 브론테는 이렇게 말했다. "할 수만 있다면 계속 조용히 무명작가로 남고 싶다. 내 노력은 결과물로 알려지기를 바랄 뿐이다." 그러나 대부분의 사람들은 에밀리 브론테처럼 세상의 중심 밖으로 밀리는 것을 원하지 않는다.

하지만 중요한 것은 아무도 알아주지 않아도 자기 자리에서 소신껏 최선을 다하는 것이다. 누구의 박수 소리가 들리지 않아도, 어떤 시선이 머물지 않아도, 묵묵히 자신의 길을 걷는 사람만이 끝내 스스로를 빛낼 수 있다고 믿는다.

에밀리 브론테처럼 세상의 소란 너머에서 조용히 피어난 진짜 가치는 이름 없이도 향기를 남긴다. 세상이 알아채지 못한 고요한 노력들이 가장 깊은 곳에 오래도록 스며든다.

일 잘하는 사람의 복장 공식

옷을 사기 위해 쇼핑을 할 때면 사무실에서 입을 옷에 초점을 맞추게 된다. 주로 정장이며 단정한 인상을 주는 옷을 고르게 된다. 공무원 복장은 오랫동안 '단정함'과 '품위 유지'라는 명목으로 일정한 틀을 유지해 왔다. 특히 남성의 경우 정장과 단색 계열의 차분한 옷차림이 기본이다. 여성은 남성에 비해 다소 자유로운 편이지만 개성을 드러내는 데는 여전히 제한이 따랐다. 물론 시대 변화에 따라 복장은 자유롭고 유연해졌다.

최근 공공기관 내 여성 비율이 부쩍 늘었다. 점심시간에 구내식당 줄을 서보면 불과 몇 년 전만해도 대부분이 남성들이라 식당 안은 잿빛 정장으로 어두웠었다. 지금은 알록달록 패션도 다양하게 옷을 입은 여성들이 많아지면서 식당 안이 환해졌다.

옷차림이 직장생활에 미치는 영향은 실로 크다. 개인의 이미지, 업무 효율성, 조직 문화 등 다양한 영향을 미친다. 적절한 옷차림은 전문성과 신뢰도를 높이는 데 중요한 역할을 한다. 세련된 복장은 타인에게 긍정적인 첫인상을 주며, 원활한 업무 관계를 형성하는 데도 도움이 된다. 물론 때와 장소에 맞는 복장을 갖추는 것은 직장생활의 기본 매너이다.

또한 옷차림은 개인의 심리 상태와 업무 효율성에도 영향을 미친다. 특정 옷을 입으면 업무수행 능력이 높아질 수 있다는 연구 결과도 있다. 심리 상태에 따라 밝은 색깔의 옷을 선택하거나 어두운 색깔의 옷을 선택하기도 한다.

조직 생활에서 획일적인 복장 규정은 조직의 창의성과 자율성을 저해하기도 한다. 자유로운 복장은 구성원 간 동료 의식을 강화하고 실수를 줄여 생산성을 높인다는 연구 결과도 있다. 적절한 옷차림은 동료 및 상사와의 긍정적인 상호작용을 촉진하며 직장 내 원활한 인간관계 형성에도 기여할 수 있다. 반대로 부적절한 복장은 오해를 불러올 수도 있다.

적절한 옷차림이란 어떤 옷차림을 말하는지 한번쯤 생각해 볼 일이다. 세계 각국의 공무원 복장은 나라마다 차이가 있지만 대체로 한국보다 자유롭고 실용성을 중시하는 방향으로 변화하고 있다. 특히 서구권 국가들은 전통적인 정장 문화에서 벗어나 업무 환경과 효율성을 고려한 '비즈니스 캐주얼'을 적극적으로 도입하고 있다고 한다.

실용적이고 편안함을 중시하면서도 개성과 품위 유지 또한 놓칠 수 없는 종목이다. 너무 화려하거나 현란한 복장은 오히려 업무에 방해가 되기도 한다. 시선을 자극하고 업무 몰입을 방해할 수도 있으니 말이다.

공무원의 복장은 단순한 겉모습의 문제가 아니다. 옷차림은 그 사람을 고스란히 드러내기도 한다. 대외적인 행사를 하거나 외부인과 직접 접촉하는 공무원이라면 신뢰감을 줄 수 있는 깔끔하고 세련된 복장이 중요하다. 그렇다고 해서 지나치게 경직될 필요는 없다. 창의적인 업무를 담당하는 부서라면 보다 자유로운 복장이 오히려 긍정적인 영향을 미칠 수 있다.

불필요한 형식주의와 관행을 버리고 직무 특성과 효율성을 고려한 현실적인 복장 기준이 필요하다. 지나친 획일성, 형식적인 단정함이 아니라 개성을 표현하되 품위를 유지할 수 있어야 한다. 품위 유지를 위해 비싼 옷일 필요는 없다. 검소하되 업무효율성과 일반 국민과의 소통이라는 상황과 환경에 어울리는 옷차림을 선택해야 할 것이다.

실(失)과 득(得)

과거를 돌이켜 보면 어느 시기든 힘겨웠던 순간들은 있었다. 그렇다고 어려운 경험이 인간의 삶에 오로지 실(失)만 안겨준 것은 아니다. 그 시련이 현실을 바로 보게 하고 인간을 성장시켜 결국 삶에 득(得)이 되기도 한다.

어느 시골 초등학교에 괴팍하기로 악명 높았던 교장과 함께 근무하던 시절, 출근하는 것이 두렵고 공포로 여겼던 적이 있었다. 말도 안 되는 요구에 화가 치밀어 오르기 일쑤였고 자신의 기분에 따라 직원들을 대하는 태도가 달라져 직원들은 모두가 교장의 눈치를 살피기에 급급했다. 그런 교장과 함께 근무하는 그곳은 지옥 같았고 매일 사표를 던지고 싶었다. 그날 아침 교장의 컨디션이 좋아 보이면 결재를 받으러 가고 그렇지 않으면 그림자조차 얼씬하지 않는 게 상책이었다.

먼 훗날 리더십을 연구하게 되었을 때 리더로서 갖추어야 할 기본적인 태도나 성향 가운데 하지 말아야 할 행동에 대해 생각할 때마다 그때의 기억이 생생하게 떠올랐다.

리더의 감정에 따라 조직을 좌우하는 일은 절대 있어서는 안 된다. 과거의 부정적인 경험이 내가 연구하는 분야에서 하나의 생생한 사례로 활용될 수 있었고 리더가 해서는 안될 행동을 직접 몸으로 겪은 일이기도 하다. 그 시기엔 견디기 어려웠지만 훗날 생각해 보니 그때의 경험이 리더가 갖춰야 할 덕목을 깨닫게 해주었고 나 자신에게는 평생 반면교사로 삼을 수 있었다.

우리가 살다보면 견디기 어려운 시련이나 쓰라린 실패를 마주할 때가 있다. 그 순간 우리는 그 일에 집착해 고통스러워하고 때로는 절망 속에서 삶을 포기하고 싶은 충동에 사로잡히기도 한다.

객관적으로 보면 별일 아닐 수 있지만 정작 그 일을 겪은 당사자는 인생에서 가장 큰 일이기도 하다. 하지만 우리는 시야를 넓혀 상황을 볼 필요가 있다. 사도 바울은 "나는 어떤 상황에 처하더라도 기뻐하라고 배웠습니다."라고 했다. 그가 환란을 당하고 채찍질 당하고 매를 맞고 돌에 맞고 감옥에 갇혔던 사실을 감안하면 이 고백은 많은 것을 느끼게 해 준다.

그 모든 일을 겪으면서도 그가 평정을 유지할 수 있었던 것은 신앙심 덕분이었다. 사도 바울은 본인이 해야 할 일을 하고 있다면 남들이 성공이니 실패니 규정하는 것은 중요하지 않다는 사실을 깨달았던 것이다.

지금 내가 시련을 겪고 있다면 그것은 나만의 일이 아니라 누구나 겪는 삶의 일부라는 사실을 기억하자. 그리고 그 시련은 나를 더 크고 성숙한 사람으로 성장시키기 위한 선물일지도 모른다.

어떤 삶이든 오류와 부정적인 경험들로 가득하다. 실수 없는 삶, 고단하지 않은 삶이 어디에 있으랴.

넬슨 만델라는 "나의 성공으로 나를 판단하지 말라. 내가 몇 번 넘어졌는지, 그리고 몇 번 다시 일어났는지로 나를 판단하라"고 말했다.

지금 실패나 손실의 시간을 겪고 있다면 이는 우리를 단련시키고 더 큰 일을 감당할 수 있게 준비시키는 시간이다.

시련을 딛고 앞으로 나아가는 사람들은 실패나 부정적인 경험을 '정상적인 삶의 일부'로 받아들인다. 지금 당장의 '실(失)'은 먼 훗날 '득(得)'이 되어 내 삶의 목적지에 도달하게 할 것이다.

그렇다면 견뎌내자.

큰 업무는 쪼개라

큰 업무를 맡으면 그 사람의 역량과 능력이 드러나게 된다. 커다란 목표를 얼마나 세밀하게 분석하고 촘촘한 계획을 세워 처리해 나가느냐가 관건이다.

켄 블랜차드(Ken Blanchard)는 실용적이고 인간 중심의 리더십 이론 '상황적 리더십'(Situational Leadership)을 제시한 세계적인 리더십 전문가이다. 그는 리더십 스타일은 상황에 따라 달라져야 하며 특히 팀원의 역량과 의지 수준에 따라 다르게 접근해야 한다고 주장한다. 이 이론을 바탕으로 무거운 업무를 효과적으로 처리하기 위해 거쳐야 할 과정을 소개하면 다음과 같다.

첫째, 큰 업무는 세밀한 계획이 우선이다. 유형별, 기능별로 나누어 큰 계획을 작은 단위의 계획으로 나눌 필요가 있다.

둘째, 중요도로 일을 나누어야 한다. 긴급한 일에 휘둘리다보면 정작 중요한 것을 놓친다. 그렇게 되면 우리의 재능을 제대로 활용하지도 못하고 일을 그르칠 수도 있다.

셋째, 일을 순차적으로 나누어야 한다. 일의 순서를 정하고 그 시기를 기록하다 보면 시간표가 나오고 업무의 기한도 명확해진다. 정해진 기한은 반드시 지켜야 한다.

넷째, 능력에 따라 일을 분배해야 한다. 누구에게 어떤 일을 맡길지 구체적으로 파악해야 한다. 리더로서 임무 수행을 위해 먼저 해야 할 일은 팀원 구성이다. 성공 가능성이 보이는 인재를 발굴하고 그들에게 임무를 맡기고 권한과 책임을 함께 부여해야 한다.

다섯째, 팀웍은 필수요건이다. 일을 세분화하여 전략적으로 세부 계획을 짜며 훌륭한 인재들을 모았다고 해서 무조건 성공하는 것은 아니다. 반드시 더해져야 할 요소가 팀웍이다. 모두가 협업하여 목표를 이루어 내는 능력이다. 팀을 모두 하나로 묶어주는 팀웍이 성공의 비결이다.

고시팀에서 임용고시 업무를 맡았을 때의 일이다. 임용고시를 위한 기본적인 시행계획은 있으나 세밀한 체크리스트 없이 일을 하다보니 우왕좌왕하게 되었고 마지막 순간까지 허둥대는 모습을 보았다. 담당자는 매일 밤을 새면서 일에 매달렸으나 그럼에도 불구하고 여기저기에서 허점이 계속 드러났다.

물론 처음 접하는 업무는 전체적인 업무 흐름을 파악하기 어렵기 때문에 시행착오를 겪을 수 있다. 그러나 시행착오를 줄일 방법은 분명히 있다. 영역별로 업무를 나누고 순차적으로 일을 배열하는 것이다. 그리고 업무에 맞는 사람을 각각 배정하고 시행 기한을 명확히 정해준다. 여기에서도 팀웍이 중요하다. 모든 팀원들이 협조하고 단결할 때만이 성공적인 임무 수행이 가능하다. 이론적으로 방법은 알고 있으나 실천하기는 쉽지 않다. 대부분의 사람들은 큰 업무를 맡으면 지레 겁부터 먹는다. 일의 순서를 정하고 일을 쪼개면 수월해질 수 있다.

조직의 문화와 풍토에 따라 업무 능력이 달라질 수도 있다. 특히 공무원 조직에서는 업무를 능력에 따라 배분하는 것이 쉽지 않다. 이는 능력에 맞게 선발된 구성원을 팀으로 만드는 것이 아니라 직급, 승진, 본인 희망 등 여러 가지 조건에 맞춰 팀이 구성되기 때문이다.

구성원의 임무가 직급별로 거의 정해져 있어 큰 변화 없이 일의 분배가 이루어지는 것이 일반적이다.

긍정적으로 보면 공무원 조직은 직급별로 일정 수준 이상의 능력을 가진 사람들의 집합체로 보고 있다는 의미이기도 하다. 비판적으로 본다면 맞춰진 틀 안에서 주어진 일만 하게 하는 수동적인 인력 관리 시스템이고 한 분야에서 자신의 능력을 발휘하기가 어렵다.

이러한 구조 속에서 리더의 역할은 무척 중요하다. 무작위로 선발된 구성원들이 모였다 하더라도 그 속에서 각자의 재능과 특성을 파악하여 적절한 임무를 부여하고 조직의 목표에 도달하게 만드는 것이 리더의 몫이다.

조직 속에서 혼자서 할 수 있는 일은 거의 없다. 구성원의 개성과 역량에 맞는 역할을 부여하고 협업이 이루어질 때 성공적으로 목표에 도달할 수 있다.

발표 울렁증 탈출법

남들 앞에서 무언가 이야기할 때가 있다. 친구들과 앞뒤 가리지 않고 수다떨 때는 말도 술술 나오고 할 말이 참 많은데 나를 중심에 두고 다른 사람들이 주목하는 상황에서 무언가를 조목조목 말해야 할 때면 가슴은 조여오고 그야말로 진땀이 난다.

사무실 회식이나 회의 자리에서 돌아가며 한마디씩 하라는 게 제일 싫었다. 사실 갑작스런 요구에 무슨 말을 해야 할지 생각하느라 다른 사람의 이야기는 귀에 들어오지도 않았다. 내 차례가 되면 몸은 굳고 목소리는 떨렸다. 미리 적어온 글을 읽을 때조차 목소리가 떨리면 끝이 나도 부끄러웠다.

살다 보면 간단히 자신의 의견을 말해야 할 때도 있고 자신의 업무에 대해 프리젠테이션을 해야 할 때도 있으며 강의를 맡게 되는 경우도 있다.

떨리지 않은 발표는 없다. 누구든 처음 하는 일은 서툴고 불안하다. 지금까지 해본 발표 중 가장 떨렸던 순간은 사무관 역량평가 중 면접시험 때였다. 사실 그 전에 다른 사람 앞에서 발표도 많이 해 보고 강의도 해 보아서 그렇게 떨릴 것이라고는 상상도 못했다.

첫 번째 순서는 기획보고서에 대한 요약 발표였고 이어서 면접관의 질문에 답변하는 형식이었다. 발표가 끝나고 나오는데 머릿속이 하얘져서 무슨 말을 했는지, 질문이 무엇이었는지조차 생각나지 않았다. 한참 시간이 지나고 마음이 진정되고 나서야 질문이 떠오르기 시작했다.

왜 그렇게 떨었는지 생각해 봤다. 잘 말해야 하고 최대한 잘하고자 하는 욕심 때문이었다. 또 내 수준을 평가받는 자리이기에 두려움이 컸다. 게다가 발표하다가 할 말이 없거나 잘 모르는 내용의 질문으로 말문이 막힐까 봐 걱정이었다. 역량 평가를 두 번 치렀기에 다음 면접시험에서는 최고는 아니었지만 첫 번째 면접보다는 덜 떨었다.

평가받는 발표 외에 프리젠테이션을 하거나 강의를 할 때는 철저한 준비와 연습이 필요조건이다. 발표는 여러 사람을 대상으로 일방적으로 말하는 것이기에 강의와 비슷하다고 할 수 있다. 나의 강의 준비 방식은 다음과 같다.

　첫째, 강의 준비를 위해 자료를 모으고 학습하는 작업으로부터 시작하여 먼저 교안을 잘 짜야 한다. 도입부터 본론에서 무엇을 말해야 할지, 임팩트 있는 결론 구성까지 생각하며 원고를 작성한다.

　둘째, 원고를 바탕으로 PPT를 만든다. 효과적인 강의를 위해서 시청각 보조자료를 잘 활용해야 한다. 사진, 그림, 동영상, 도표, 그래프를 통해 시각적인 효과를 노린다. 문자만 나열된 PPT는 청중의 관심을 끌어모으기 어려우므로 재미와 흥미를 일으킬 만한 효과적인 자료가 강의에 있어 중요하다.

　셋째, 가장 중요한 연습단계이다. 처음 강의를 준비할 때는 할 말을 모두 적어 시나리오를 작성했다. 해야 할 농담까지 적어놓고 PPT 슬라이드를 넘기며 수없이 연습했다. 시나리오를 보지 않고도 이야기할 수 있을 만큼 연습하고 또 연습했다. 이때 시간 체크는 필수이다. 스톱워치를 사용하여 시간을 재 가며 술술 나올 때까지 수없이 연습했다. 1시간 강의를 한다면 1시간 30분만큼의 강의 준비가 필요하다. 말을 너무 빨리해서 일찍 끝났을 때를 대비해야 한다. 많은 자료 준비로 시간이 부족할 경우에는 강의하면서 적절히 생략해가며 조절하면 된다.

넷째, 강사로서 청중을 사로잡으려면 표정과 아이 컨텍, 손동작, 몸동작까지 연습과 훈련이 필요하다. 한 자리에 서서 하지 않고 때로는 청중 속으로 들어가서 질문할 수 있는 노련함도 있어야 한다. 표정은 밝게, 목소리는 또랑또랑한 음성으로 속도는 적당해야 하며 시선은 듣는 사람들과 고루 마주쳐야 한다.

다섯째, 가장 중요한 것은 말하는 사람과 듣는 사람 사이의 공감대 형성이다. 사전에 강의 대상자에 대한 사전 조사를 하는 것이 필요하다. 청자 중심의 강의 내용으로 교감을 해야 상호작용을 끌어낼 수 있다. 가끔 피교육자의 이름을 불러 질문을 하거나 그들 속으로 들어가 이야기를 하는 것도 좋은 방법이다. 서로 편안하고 공감되는 이야기는 고개를 끄덕이게 하고 감동을 주는 강의로 이어질 수 있다.

강의를 들은 사람들이 황송하게도 떨지도 않고 강의를 잘한다고 칭찬해 줄 때가 있다. 사실 항상 긴장되고 떨린다. 철저한 준비와 연습으로 무장하면 그 떨림이 줄어든다. 하면 할수록 약간의 여유도 생긴다. 연습과 경험의 축적을 당할 것은 아무것도 없다. 남들이 하는 강의도 열심히 찾아 듣는다. 명강사 김창옥처럼 여유와 넉살을 가지고 울리고 웃기는 강사가 되고 싶은 게 나의 꿈이다.

새로운 길을 선택하는 힘

처음부터 자신에게 적합한 자리를 찾아 주어진 업무를 즐겁게 성취해 나간다면 그는 행운아다. 자신의 적성을 찾아 대학에 진학하고 또 자신이 원하는 직장을 찾아 그곳에서 계속 배우고 성장할 수 있다면 그는 축복받은 사람일 것이다. 그러나 그러기가 쉽지 않다. 어디가 적합한 곳인지 모르는 채 정해지는 대로 스스로 그 틀에 맞춰 살아가는 사람들도 있다. 그런 경우 사람들은 운명이라고 말한다. 그래도 잘 적응할 수 있다면 그나마 다행이다.

자신에게 적합한 곳이 어딘지 알면서도 그곳에서 일하고 있지 않다면 옮겨 갈 용기가 필요하다. 업무를 바꾸는 간단한 일일 수도 있고 새로운 경력을 쌓는 어려운 도전일 수도 있다. 다른 사람이 아무리 좋은 직업이라 해도, 어렵게 구한 자리라 해도 내가 아니면 아닌 것이다. 얼마 전 공무원이라는 직업이 자신과 잘 맞지 않는다고 생각해 다른 일을 하겠다며 사표를 던지는 직원을 보았다. 그 용기에 찬사를 보낸다. 쉽지 않은 결정일텐데 가야 할 길에 대한 확신이 들면 시간이 얼마가 걸리든 가고 싶은 길로 가야 한다.

나의 삶을 되돌아보면 현재 이곳에 오기까지 참으로 많은 길을 돌고 돌아왔다. 직장 생활을 시작하면서 "여기는 내가 있을 곳이 아니다. 떠나고 싶다."라고 생각했고 다른 길을 찾기 위해 낮에는 일하고 밤에는 공부하는 일상을 직장에 입문하던 첫해부터 시작했다. 당시 초등학교에서 맡았던 서무 업무는 나의 자존감을 잃게 했다. 중등교사 2급 자격이 있었기에 교사의 길로 가기 위해 임용시험 준비를 시작했다. 퇴근 후 임용시험 공부를 위해 다시 도서관으로 출근했다. 주말도 쉬지 않고 하루도 빠지지 않고 공부하는 지난한 생활이 계속되었다. 그 길이 나의 길이 아님을 깨닫는 데 7년이라는 시간이 걸렸다.

교사가 아니라면 행정가로서 제대로 행정을 해보자고 마음을 고쳐먹었다. 행정대학원에 진학해 더 배우고 성장하고 싶었다. 행정대학원에서 습득한 지식은 행정을 하는 데 든든한 밑거름이 되어주었다. 대학원을 마친 후 영어에 관심이 생겨 영어회화 학원을 다니기 시작했다. 그러던 중 해외에서 공부하고 싶은 열망이 생겼다. 7급 승진이 막 되었을 때, 공무원이 해외에 나갈 수 있는 '장기국외훈련과정'이 있음을 알게 되었다. 운 좋게도 교육부에서 주관하는 국외훈련과정에 충남 대표로 선발되었다. 유학을 보내는 과정이기에 자격 심사를 위한 선발시험이 서울대에서 있었다. 그 시험에서 보기 좋게 떨어졌다. 실패한 경험으로 그 과정이 어떤 것인지 알게 되었고 반드시 이 과정을 통해 유학을 가겠다는 꿈을 꾸게 되었다. 아무런 준비 없이 시작해 유학을 준비한 기간이 또 7년이었다. 그 사이 중앙정부의 정책이 바뀌어 시도교육청까지 열어두었던 장기국외훈련과정이 폐지되었고 지방정부에서는 예산 부족을 이유로 그 길을 막았다. 하지만 나는 그 꿈을 접을 수 없었다. 그 꿈을 이루기 위해 흘린 땀과 눈물, 시간과 노력이 너무 컸기에 중단할 수 없었다.

2007년, 유학 휴직을 결심하고 자비로 박사 과정 미국 유학의 길을 떠났다. 미국에서의 유학 생활은 나의 사고를 확장시켰고 삶의 지평을 넓혔다. 물론 좌절의 순간도 있었지만 버티는 힘을 키워주었고 새로운 꿈도 꾸게 했다. 아쉽게도 여러 가지 이유로 박사 과정을 석사 과정으로 바꾸고 유학을 정리했지만 유학을 마친 후 직장에서 나의 입지는 완전히 달라졌다. 맡는 업무의 종류도 달라졌고 위상도 달라졌다.

유학 후 못다 한 공부를 하기 위해 다시 박사학위 과정을 밟은 것은 또 다른 삶을 안겨주었다. 2014년 받은 박사학위는 내 삶에 학자로서의 길을 열어 주었다. 지금은 행정가와 학자로서 두 길을 걷고 있다. 어느 한 쪽이 더 중요하다거나 경중을 따질 수는 없지만 모두 소중한 경험이다. 있어야 할 자리를 찾기 위해 돌고 돌아 찾아간 자리이기도 하다. 그 길이 쉽지 않았고 많은 시간과 인내가 필요했지만 참으로 값진 시간이었다. 그 시간이 헛되지 않았고 아직도 가야 할 길은 멀다.

자신이 원하는 길, 있어야 할 곳을 찾아가는 것이 인생 아니겠는가? 살아있는 한 계속 배우고 성장해야 한다. 새로운 일을 시도하고 나에게 맞는 것이 무엇인지 찾아가는 것이 인생이고 그것이 살아있다는 증거다. 내가 있어야 할 자리를 찾는 유일한 방법은 무엇이든 시도하고 경험을 늘리는 수밖에 없다.

보고는 기술이다

직장생활의 반은 보고다. 지금 진행 중인 일을 상사에게 전달하고 최종 결정은 상사가 내리게 된다. 따라서 보고를 하기 전까지의 업무 진행 과정은 실무자의 손에 달려 있다. 이 과정에서 계획이 변경되거나 새로운 사안이 발생했다면 다시 보고해야 한다.

보고가 중요한 이유는 최종 결정을 내리는 데 필요한 정보와 상황을 정확히 전달해야 하기 때문이다. 그래야 사고를 예방할 수 있고 그에 맞는 최종 결정을 내릴 수 있다. 따라서 현명한 판단을 위해서는 결국 보고를 잘 하는 것이 핵심이다. 30년 넘게 직장생활을 하다 보니 나름대로 보고의 노하우도 생겼다.

첫째, 보고는 윗사람이 묻기 전에 먼저 하는 게 상책이다. 미리 보고하면 보고받는 사람도 보고하는 사람도 '즐거운 보고'가 된다. 그러기 위해서는 촉각을 곤두세우고 무엇이 중요한지 상사가 무엇을 궁금해 할지 미리 고민해야 한다. 이처럼 선제적으로 보고했을 때 상사는 "아! 나도 그 일이 궁금했는데, 어떻게 알았어? 그렇지 않아도 그 이야기 하려고 했었는데."라며 미리 생각해 준 것에 대해 고마워한다.

둘째, 보고는 자주 할수록 좋다. 한 가지 사안을 두고 세 번은 보고하는 것이 바람직하다. 처음 시작할 때, 중간 진행 상황을 공유하고 그리고 마무리 단계까지 보고해야 그 사안에 대해 종지부를 찍는다. 업무를 진행하다보면 상황이 바뀌거나 더 좋은 안이 떠오를 때가 있다. 그럴 때면 "방향을 수정해서 이렇게 하려고 하는데, 괜찮겠습니까?"라고 다시 물어야 한다.

이런 반복된 물음에 상사는 "그냥 알아서 좀 하지!"라며 짜증 낼 수도 있다. 그러나 귀찮아하면서도 점점 내용에 익숙해지고 일에 깊숙이 개입하게 된다.

이런 과정을 거쳐 최종 결과물을 보고하면 상사는 보고 내용에 익숙해지고 상사도 일정 부분 함께했다는 느낌을 갖게 되어 일사천리로 결재를 얻게 된다.

셋째, 보고 기한은 넘기지 않는다. 상사가 요구한 마감 시한을 넘기는 경우가 종종 있지만 이렇게 되면 아무리 완성도 높은 보고라도 의미가 없다. 약속한 날짜를 어기는 것은 단번에 신뢰를 무너뜨릴 수 있다.

만약 부득이하게 마감일을 지킬 수 없다면 반드시 사전에 양해를 구해야 한다. 기한을 넘기지 않으려면 우선 자신의 일정표에 명확히 표기하는 것은 기본이다. 미리 작성해서 빨리 보고하는 방법이 있고 미리 초안을 작성해 두고 마감 전날까지 계속 수정을 가하는 방법이 있다. 시간을 두고 수정하면 보고서의 완성도는 높아진다. 그러나 동시에 다른 업무도 병행해야 하므로 한 가지 일에만 집중하기는 어렵다. 따라서 미리미리 작성하여 마감일 전에 빨리 보고하는 것이 좋다. 까딱하다 마감일을 놓칠 수도 있기 때문이다.

넷째, 보고의 형식도 중요하다. 가벼운 보고는 형식에 지나치게 얽매이지 않아도 된다. 구두로 간단히 보고해도 좋다. 엘리베이터 안에서나 이동 중에 함께 걸으며 이야기하는 것도 좋은 방법이다. 긴급할 경우에는 휴대폰으로도 좋다. 단지 긴급한 상황에 문자만 남겨 놓았다가 낭패를 볼 수도 있다. 반드시 전화를 걸어 상황을 설명해야 한다.

한번은 이런 적이 있다. 학교 공사 현장에서 사망사고가 발생했는데 나는 회의 중이었고 회의 도중 다른 부서 직원이 급히 전화를 받고 회의장을 빠져나가는 것을 보았다. 알고보니 그 사고의 관계자이기 때문에 회의장에서 빠져나가 현장으로 간 것이다. 그러나 담당 부서장인 나는 그 사실을 모른 채 회의를 계속 진행하고 있었다. 나중에 알고 보니 현장에는 관련자들이 총출동해 있는데, 담당 부서장인 나만 빠져 있었던 것이다. 정말 황당한 일이었다. 담당자가 나에게 문자만 보내놓고 그저 기다리고만 있었던 것이다. 급할 때는 전화를 하든, 직접 오든 빨리 알리는 것이 중요하다. 반면 사안이 간단하고 단순히 알리기만 해도 되는 정도면 문자나 톡으로도 충분하다. 그러나 중요 사안은 반드시 문서로 정리해 보고해야 하며 경우에 따라 회의를 통해 보고를 할 수도 있다. 사안의 성격에 맞는 보고가 필요하다.

다섯째, 보고의 '내용'이 가장 중요하다.

보고란 내가 하고 싶은 말을 하는 것이 아니라 상대가 알고 싶어하는 것을 말하는 일이다. 보고를 마친 뒤 상사가 따로 궁금해할 게 없을 정도로 명확하게 전달되었다면 그 보고는 잘된 것이다.

따라서 보고하러 갈 때는 자신이 말할 내용을 미리 정리하고 상사가 어떤 질문을 할지를 예측해 가는 것이 필요하다. 만약 상사의 질문에 제대로 답하지 못하면 보고를 마치고도 또 다른 보고 건을 떠안고 나오게 된다.

정책기획과에 근무하던 시절, 각 부서의 주요 현안 자료를 취합해 교육부에 보고하는 업무를 맡았던 적이 있다. 각 부서의 교육정책 현황과 문제점, 개선 방안까지 종합하여 한 번에 보고해야 했는데, 내가 실무자가 아니다 보니 질문에 바로 대답하는 데 어려움이 많았다. 상사의 질문은 꼬리에 꼬리를 물었고 그때마다 자료를 찾아 다시 보고해야 했다.

그 경험을 통해 확실히 알게 되었다. 보고자는 보고할 내용을 충분히 숙지하고 있어야 하며, 질문에 능숙하게 답할 수 있을 만큼 사전 연구와 준비가 되어 있어야 한다.

여섯째, 보고는 짧을수록 좋다. 보고서는 가능하면 1페이지 내외로 하되 두괄식이 좋다. 상사는 긴 보고서를 읽을 시간이 없다. 모든 상사는 바쁘다. 부득이한 경우를 제외하고는 핵심 내용을 1페이지 안에 담는 것이 이상적이다.

참고자료는 본문에 넣지 말고 붙임으로 넣고 첨부하는 것이 보고서의 정석이다. 구두 보고는 장황하게 늘어놓지 말고 두괄식으로 짧게 설명한다. 결론부터 말하고 배경과 이유를 덧붙여 하고 질문이 있는 경우에는 보충 설명을 하면 된다. 가장 이상적인 보고는 상사가 더 이상 궁금한 점이 없을 만큼 간결하고 명확한 보고이다.

　일곱째, 보고할 때 표정 관리와 '정성'도 중요하다. 특히 제안성 보고일 경우 그 안에 대한 자신감과 열정이 담겨야 한다. 얼마나 깊게 고심했는지, 또 실행의지가 얼마나 강한지에 따라 결과는 달라질 수 있다. 한 번은 전입한 지 얼마 안 된 직원이 정보공개 요청 건을 너무도 정성스럽게 정리해 가지고 왔다. 받는 사람이 경탄할 정도였다.

　너무 많은 내용이 실려 있어 줄였으면 좋겠는데, 긴 시간 공부하여 정성스럽게 작성한 것이 기특하여 그냥 넘어간 적도 있다. 때로는 보고자의 노력이 감탄하게도 한다. 또한 진정성 있는 표정과 태도에 감동하기도 한다.

　마지막으로 상사와의 신뢰 관계가 한 몫을 한다. 직원과 신뢰 관계가 잘 형성되어 있으면 그 사람이 하는 보고는 안 봐도 믿음이 간다. '역시나 잘했다.' 하는 신뢰가 깔려있기 때문이다. 내가 직접 보고를 받을 때도 어떤 직원은 나도 모르게 반기게 되고 업무 외에도 '요즘 어려움은 없는지', '어찌 지내는지' 묻기도 한다. 이런 분위기 속에서 이루어지는 보고는 바로 통과다.

반면 어떤 직원의 보고를 받으면 한숨부터 나오는 경우도 있다. '또 얼마나 고쳐야 하는지', '시간이 또 많이 걸리겠네.' 등의 생각을 먼저 하게 된다. 그만큼 더 자세히 들여다 보게 된다.

이처럼 상사에게 신뢰감을 주는 것은 매우 중요하다. 한번 잃은 신뢰는 회복하는 데 많은 시간이 걸린다.

보고할 때 꼭 알아야 할 말의 기술

실무자 시절, 도교육청에서 업무 보고를 하러 갈 때면 팀장과 함께 동행하곤했다. 팀장이 교육감님께 업무 보고를 하고 나는 옆에서 서포트 역할을 했다. 물론 보고의 형태는 그때그때 달라진다. 사실 업무적으로는 내가 작성을 한 것이기에 내용은 내가 더 잘 알고 있다. 때로는 보고 시 사실과 약간은 다른 내용으로 보고를 하는 경우도 있었다. 그렇다고 해서 바로 말을 가로채서 "그게 아니고 이겁니다."라고 말하지는 않았다. 그것은 팀장의 입장을 생각했기 때문이다. 말해야 할 사항이 보고서의 본질에 크게 벗어나지 않으면 그저 침묵을 지키는 것이 더 현명하다고 생각했기 때문이다.

어느덧 내가 팀장이 되었다. 팀장이 되어 상사에게 업무 보고를 하기 위해 담당자와 함께 갔다. 업무 보고가 끝난 후 담당자는 교육감께 조금 더 이야기해도 되겠느냐고 허락을 구했다. 당연히 교육감은 허락했다. 담당자는 자신이 맡은 업무에 대해 열정에 들떠 있었고 처음부터 끝까지 장황하게 똑소리 나게 후렴구까지 설명을 해 댄다. 같이 간 팀장인 나에게는 말할 기회도 주지 않고 보고가 끝날 때까지 구경만 하게 했다.

보고를 마치고 사무실로 돌아가는 길에 나는 속으로 생각했다. "그냥 사무실에 있을 걸 그랬네." 그 자리에서 나는 잎을 모두 떨군 채 바람에 흔들리는 빈 가지가 되어 버린 느낌이었다. 그때 그 직원에게 나의 솔직한 심정을 말하지 못했던 것을 지금도 후회한다.

나중에도 다른 보고를 하러 갔을 때도 그 친구는 자신이 그 업무에 대해 모든 것을 알고 있으니 본인이 이야기해야 한다는 듯이 열변을 토했고 옆에 있는 팀장의 자리는 안중에도 없었다.

이제는 말해 주고 싶다. 꼭 필요한 얘기라도 간략하게, 적절하게 말하라고. 그게 아니면 조용히 침묵을 지키고 있는 것이 최선일 때도 있다고 말이다.

일단 하자

무엇인가에 열중하는 사람의 모습은 참으로 아름답다. 열의가 있는 것과 열중하는 것은 좀 다르지만 열의가 있는 사람은 그 일에 열중하게 마련이다. 하려고 생각만 해서는 아무것도 이룰 수 없다. 나는 생각을 오래 하는 편이다. 대신 한 번 하기로 결심하면 될 때까지 끝까지 해낸다. 선택한 그 한 가지는 하루도 빼먹지 않고 열의를 가지고 이어간다.

행동으로 옮기기까지 시간이 좀 걸리는 편이다. 이것저것 생각하고 여러 가지 상황을 따져보는 데 시간을 많이 쓴다. 행동하지 않으면 아무것도 이룰 수 없다. 속된 말로 '맘 먹은 것을 저질러 보는 것'도 빠른 성취의 지름길이다.

오래 생각할수록 부정적인 생각도 많이 들고 두려움도 크다. 하지만 일단 시작해 보면 거의 모든 일이 생각만큼 어려운 것도 두려운 일도 아니란 것을 깨닫게 된다. 하다 보면 해결책은 어느새 눈 앞에 나타나기 마련이다.

실패하면 어떠랴! 실패도 또 하나의 경험이다. 그러한 다양한 경험이 나 자신의 사고와 가치관을 확장시켜 진정한 '나'의 모습을 만들어가는 것이다. 동기가 생길 때까지 기다리지 말자. 그러다 보면 한 발짝도 움직일 수 없다. 아무리 작은 걸음이라도 일단 내딛어 보자. 하다 보면 새로운 길을 찾아 방향을 바꿀 수도 있고 그 길이 내가 원하는 길이라는 확신이 들면 열의를 가지고 그 일을 밀고 나가게 된다.

열의와 성의를 다한 일은 어떤 방식으로든 반드시 나에게, 더 나아가 내가 속한 조직에 튼실한 열매를 맺게 할 것이다. 비록 그 시간이 좀 오래 걸릴지라도 말이다.

그 어떤 일이든 열의를 대체할 것은 없다. 열의가 넘치는 팀원들이 모인 팀은 자연스럽게 에너지가 넘친다. 열의만 있다면 대부분 모든 일에 성공할 수 있다. 시작하지 않으면 결코 원하는 것을 얻을 수 없다. 행동이 먼저고 감정은 나중이다. 하고 싶은 마음이 생길 때까지 기다리지 말고 시작하자. 갖가지 이유를 대지 말고 일단 해보자. 해 봐야 비로소 안 되는 것도 증명할 수 있다. 신중함이 지나쳐 좋은 기회를 놓치는 경우도 적지 않다.

인간 본성의 '동기'

리더가 사람들을 움직이는 힘은 동기부여에 있다. 그들이 원하는 것이 무엇인지를 알고 그 바람이 실현되도록 도울 때 사람들은 자발적으로 움직인다. 그것이 조직 내에서는 모두가 공감하는 목표가 되고 개인적으로 자신의 가치와 일치하는 요구와 그에 따르는 보상이 함께 있을 때 비로소 강한 추동력이 발휘된다.

직장에서 그런 추동력을 발휘하기란 쉽지 않다. 행정적으로 법률을 집행하는 사람들이 충분한 보상을 받는 것도 아니고 또 행한 일에 대한 능력 인정이 즉시 이루어지는 것도 아니다. 그저 나에게 주어진 업무를 근무 시간 동안 아무런 문제없이 수행하는 것이 성공이라 여겨진다. 상사로부터 인정받을 만한 실적을 내기도 쉽지 않다. 그저 성실함을 무기삼아 묵묵히 자신의 소임을 다

할 뿐이다.

언젠가 지방의 국밥집이 TV에 맛집으로 소개된 적이 있다. 그 집은 오후 2시까지만 영업을 하는데 점심시간이 되면 문전성시를 이루며 밖에까지 줄지어 차례를 기다리는 사람이 많다. 주인과 인터뷰 중 "무엇이 가장 신나는 일인가요?"라는 질문에 대답이 인상적이었다. "내가 가지는 보람은 '인정'입니다. 손님들이 맛을 인정해주실 때 더 책임감을 가지고 열심히 하게 됩니다."라고 말했다.

이윤을 남기는 사업가가 고객의 '인정'에 힘입어 더욱 열심히 자신의 본업에 임한다는 말이 나의 일터를 떠올리게 했다.

일터에서 사람을 움직이려면 인간의 본성을 이해하는 것이 중요하다. 원하는 대로 사람을 움직이는데는 두 가지 방법이 있다. 강요 아니면 설득이다.

강요는 노예를 부리는 방식이고 설득은 자유인을 이끄는 민주적 방식이다. 설득을 하려면 무엇이 사람을 움직이게 하는지, 사람들을 동기부여하는 것이 무엇인지 이해해야 한다. 훌륭한 리더는 인간의 본성에 대해 잘 알고 있다.

최근 한 연구에서 심리학자 70명에게 "상사가 알아야 할 가장 근본적인 인간의 본성은 무엇인가요?"라는 질문을 던졌다.

응답자의 3분의 2가 '동기'를 가장 중요한 것으로 꼽았다. 리더가 사람들이 행동하게 만드는 원동력을 이해해야 한다는 뜻이다. 물론 지위가 주는 권한으로 명령을 내릴 수는 있다. 하지만 이런 경우 사람들은 마지못해 따를 뿐이다.

리더는 직원들을 움직이게 만드는 것이 무엇인지 관찰할 필요가 있다. 모두가 신바람 나게 일하고 싶어 한다. 지시를 받아서가 아니라 자신이 하는 일에서 보람을 느끼고 인정받으며 일하고 싶어 한다.

지시와 명령에 의해 움직이는 조직이 아니라 권한과 책임을 가지고 자율적으로 일할 수 있는 조직을 원한다. 그래야 창의적이고 활기찬 조직이 될 수 있다.

리더는 직원들의 속내를 꿰뚫어 볼 수 있는 독심술이 필요하다. 독심술이란 초능력을 말하는 것이 아니라 관심과 수양을 말한다.

리더의 마음이 직원의 문장을 만든다

직장에서 글쓰기는 단순히 업무 담당자의 몫이 아니다. 상사의 몫이 더 크다. 좋은 생산라인에서 좋은 제품이 나오듯 좋은 상사 밑에서 좋은 보고서가 나온다. 상사는 세 가지를 해줘야 한다. 첫째, 들어주고, 둘째, 알려주며, 셋째, 고쳐주는 일이다.

그러나 현실은 다르다. 많은 상사가 자신의 존재를 드러내는 데 집중한다. 부하직원은 입을 닫은 채 받아 적을 뿐이다. 상사의 기분에 따라 직장의 날씨가 바뀌고 직원은 그 감정을 받아내며 반박하고 싶어도 참는다. 그렇게 무기력을 배운다. 아예 직원의 이야기를 들어줄 생각조차 하지 않는 상사도 많다.

좋은 상사는 상황을 투명하게 설명한다. 현재 무엇이 문제인지, 앞으로 어떻게 나아가야 할지 방향을 알려준다. 정보를 공유

해주는 상사를 만나면 일이 많아도 버틸 만하다. 오히려 더 잘하고 싶은 마음이 생긴다.

리더가 해야 할 또 하나의 일은 글을 고쳐주는 것이다. 그러나 현실에서는 "좋다, 나쁘다"라는 말만 던지거나 "좀 더 간결하게 써라", "감동을 주게 써라"와 같은 추상적인 지시만 하는 경우가 많다. 어디까지 줄여야 간결한지 무엇이 감동적인지는 알려주지 않는다. 이런 지적은 도움이 되지 않는다. 비판 일색의 조언은 더 문제다. 게다가 감정적이기까지 하면 지적이 아니라 비난이 된다. 자신의 말이 원칙이고 진리인 양 군림하는 태도는 갑질일 뿐이다. 명백한 오류가 아니라면 다른 표현일 뿐 옳고 그름의 문제가 아니다. 이런 방식은 직원의 의욕을 꺾는다.

조직에는 다양한 수준의 사람이 있다. 상사의 머릿속에 없는 그림까지 그려내는 최우수 직원도 있고 의중을 읽고 빈칸을 채워주는 우수 직원도 있다. 겨우 따라가는 직원도 있고 말귀조차 못 알아듣는 직원도 있다. 상사 역시 마찬가지다. 자기 생각을 분명히 표현하는 사람이 있는가 하면, 생각은 있으나 표현하지 못하는 사람, 아예 생각이 없는 사람도 있다.

이렇듯 다양한 사람이 공존하는 곳에서 글쓰기는 사람에 따라 처방이 달라야 한다. 최우수 직원에게는 격려를, 우수 직원에게는 세심한 첨삭을, 조금 부족한 직원에게는 구체적인 조언을 주는 것이 바람직하다. 사실 초안을 쓰는 것이 가장 어렵고 고치는 것은 상대적으로 쉽다. 그렇다면 리더는 어떻게 해야 할까? 모든 글을 직원에게만 맡기지 말고 최소한 자신의 인사말 정도는 스스로 쓸 줄 아는 리더가 되어야 하지 않을까.

좋은 글은 직원의 손에서만 나오는 것이 아니다. 좋은 리더의 귀와 마음에서 시작된다.

조용한 영향력

'리더십'이라는 말은 다양한 조직에서 흔히 쓰인다. 그렇다면 몇 명 이상이 모여야 조직이라 할 수 있을까? 두 명 이상이면서 협력 관계가 형성되면 조직이라 할 수 있다. 단순히 사람들이 모여 있는 집단이 아니라 공동의 목표와 역할 분담, 규범을 가진 집단이면 사회학적 관점에서 조직이라 말한다. 두 명 이상이면 그중 한 명은 리더, 나머지는 팔로워가 된다. 사회생활을 하는 데 있어 리더십은 중요한 자질 중 하나다.

우리는 늘 누군가와 함께 살아가며 그 과정에서 크고 작은 리더의 역할을 맡는다. 가정이나 친구 관계, 작은 모임에서도 리더십은 발휘된다. 사회에서도 리더십은 특별한 사람만의 능력이 아니라 누구에게나 필요한 삶의 덕목이자 관계의 기술이다. 그래서 가정이나 학교에서도 다양한 경험을 통해 리더십 있는 성인으로 성장시키려 노력한다.

리더십은 교과목으로 배우지 않는다. 자신이 속한 공동체 속에서 생활하며 자연스럽게 체득하고, 선배나 멘토에게 배우기도 하고, 책이나 사례를 통한 자기 성찰로 키워 나간다. 바람직한 리더의 모습은 시대마다 달라졌다. 한때는 리더십을 타고나는 것이라 믿으며 카리스마 있는 리더를 존경했다. 또 성과 중심과 인간 중심으로 구분하면서 성과보다 인간 중심의 리더가 추앙받던 때도 있었다. 상황에 따라 리더십을 달리해야 한다는 '상황적 리더십'이 떠오르기도 했고, 단순히 지시나 통제를 넘어 구성원의 가치관·동기·잠재력까지 변화시키는 '변혁적 리더십'은 지금도 연구되고 있다.

그렇다면 오늘날 필요한 리더십은 무엇일까? 화려하거나 거창한 리더십이 아니다. 우리는 우두머리를 원하지 않는다. 지시보다는 격려를, 경쟁보다는 협력을, 통제보다는 신뢰를 선택한다. 리더의 말 한마디, 행동 하나가 구성원들에게는 길잡이가 되고 힘이 된다. 그 말이 차가운 지시가 아니라 "나도 힘껏 도울 테니 함께 가자"는 따뜻한 초대일 때, 조직은 살아난다. 지금 우리에게 필요한 리더는 거만한 요구 없이 함께 만나 지지하고 중재하며 나아갈 길을 안내해 주는 사람이다.

물론 공조직 속에서는 지위가 주는 통제력이 여전히 존재한다. 윗사람을 제치고 내 의견을 앞세우기는 쉽지 않다. 이때 리더는 중간에서 촉매자(Facilitator)가 되어야 한다. 촉매자는 독립적 존재로서 사람들을 만나게 하고 누구든 자유롭게 말할 수 있는 분위기를 만든다. 그리고 타인의 의견을 존중하는 문화를 세운다. 그럴 때 변화가 일어난다. 거만한 요구 없이도 선한 영향력을 미치는 중재자가 바로 오늘의 리더상 아닐까?

우리는 각자의 자리에서 이미 리더의 역할을 하고 있다. 부모로서, 선배로서, 사회인으로서, 작은 모임의 진행자로서 누군가에게 영향을 미친다. 필요한 것은 특별한 능력이 아니다. 사람의 마음을 품고 함께 걸어가려는 자세다. 큰소리로 권위를 내세우지 않아도 조용한 영향력은 사람의 마음을 움직이고 결국 변화를 만들어 낸다.

자신의 신념과 가치에 충실한 진정성 리더십

■ 진정성 리더십
남들이 알아주지 않아도 자신의 자리에서 묵묵히 최선을 다하는 리더십. 에밀리 브론테처럼 조용히 무명으로 남고 싶다는 겸손함 속에서 피어나는 진짜 가치.

■ 상황적 리더십
상황과 팀원의 역량에 따라 리더십 스타일을 조정하는 능력. 큰 업무를 세분화하고 적절한 인재에게 권한과 책임을 부여하며, 팀워크를 통해 목표를 달성하는 전략적 리더십.

■ 회복력 리더십
시련과 실패를 성장의 기회로 전환하는 능력. 괴팍한 교장과의 경험을 반면교사로 삼듯 부정적 경험도 리더십 학습의 자원으로 활용. 넬슨 만델라의 말처럼 몇 번 넘어졌다가 다시 일어났는지로 평가받는 리더십.

■ 소통 리더십
상사가 묻기 전에 먼저 보고하고 자주 소통하며 간결하고 명확하게 전달하는 기술. 청중 중심의 사고로 상대방이 알고 싶어하는 것을 정확히 파악하여 전달하는 능력.

- 자기주도 리더십
  7년간의 교사 준비, 7년간의 유학 준비처럼 자신만의 길을 찾아가는 끈기와 의지. 내 자리를 찾아서 끊임없이 학습하고 성장하며 행정가와 학자 두 길을 모두 걷는 자기계발 의지.

- 실천중심 리더십
  일단 하자는 철학으로 과도한 신중함보다는 행동을 통한 학습을 중시. 생각만으로는 아무것도 이룰 수 없다는 신념으로 작은 걸음이라도 내딛어 경험을 쌓고 방향을 찾아가는 실천중심의 리더십.

- 동기부여 리더십
  인간 본성의 동기를 이해하고 팀원들을 자발적으로 움직이게 하는 능력. 강요가 아닌 설득을 통해 개인의 가치와 조직의 목표를 일치시켜 내재적 동기를 끌어내는 리더십. 국밥집 사장의 인정받는 기쁨처럼 사람들이 원하는 것을 파악하여 동기부여하는 능력.

제 2 부

변화 속에서
성장하는 리더

리더는 기회를 알아보고
미래를 예측할 수 있는 능력과 판단력이
필요하다. 정확하고 적절한 판단으로
결정된 일은 빨리 행동으로
옮겨져야 한다는 점이다.
리더의 행동은 변화의 일으키는 힘이다.

훌륭한 리더십은 사람들이
당신을 따르게 만드는 것이 아니라,
그들이 스스로 따라오고 싶게 만드는 것이다.

- 마더 테레사-

팀을 키우는 리더의 자신감

　자신감 있는 리더는 자신을 믿고 능력있는 아랫사람을 두려워하거나 시기하지 않는다. 아랫사람의 능력이 뛰어나다고 해서 자신의 자리를 빼앗길 거라 생각하지 않는다. 오히려 최고의 인재를 기꺼이 받아들이고 그들을 조직 내에서 유용하게 활용할 계획을 세운다.

　또한 그들을 통해 팀의 성공을 이끌고 자신의 부족한 부분을 채우는 데 서슴치 않는다. 또한 아랫사람들이 더욱 자신의 능력을 계발하도록 돕는다. 그것이 결국 팀의 성장 뿐 아니라　조직 전체의 발전에도 도움이 된다는 사실을 잘 알기 때문이다. 이러한 리더는 개인의 명예나 업적보다 먼저 조직의 목표를 우선시하며 조직을 위해 긍정적인 영향력을 발휘하려는 진정한 리더의 본질을 갖춘 사람이다.

어떤 리더는 팀의 성공을 모두 자신의 역량에서 이루어진 것으로 생각하고 자신의 능력을 과시한다. 그러나 자신감 있는 리더는 성공을 모두 아랫사람에게 돌리고 실패했을 때 비난과 질타는 기꺼이 자신에게 돌린다.

자신의 잘못을 인정하는 일이 리더에게 가장 어려운 일 중의 하나이다. 특히 최고의 권력자가 자신의 과오를 부하 직원에게 돌리고 변명을 늘어놓는다면 리더로서의 자격을 의심해 볼 일이다. 안타깝게도 우리 사회에 이런 리더들이 공공연히 존재한다.

외부에서 회의를 주재한 적이 있다. 따라서 챙겨야 할 물건들이 많았다. 그 당시는 현수막도 가져가서 직접 달아야 했고 회의 용품과 다과도 함께 가져가야 했다. 회의가 시작되었고 식순에 따라 아무 생각 없이 '국기에 대한 경례'를 외쳤다. 그런데 경례할 태극기가 없었다. 담당자가 '태극기'를 준비하지 못한 것이다.

장내는 소란스러워졌고 가까스로 사태를 정리한 뒤 본회의에 들어갔다. 그때 팀장은 그에 대해 아무 말도 하지 않았다. 면밀하게 준비하지 못한 상황에 분명 화가 났을 법도 한데 책임을 묻지 않았다. 담당자의 당혹감을 헤아리고 여유 있게 그 상황을 묵인해준 것이다. 그 직원을 따로 불러 질책하지도 않았다. 오히려

'고생했다'며 격려의 말을 했다. 아마도 담당자를 탓하기보다 팀 리더로서 확인하지 못한 자신의 책임으로 여겼던 것 같다.

그런 리더의 여유와 그 모든 책임을 자신이 감수하는 태도야말로 바로 자신감 있는 리더의 모습이 아닐까. 자신감 있는 리더는 자신이 이끄는 팀이 성공했을 때 가장 크게 기뻐하고 그 팀의 성공을 자신이 받을 수 있는 최고의 찬사로 여긴다. 그런 리더가 그립다.

사람들을 결속시키는 접착제

어떤 사람이든 지위고하를 막론하고 신뢰를 얻지 못한다고 판단되면 가족이든 직장 동료든 친구든 그와의 관계는 결코 깊어질 수 없다. 신뢰감은 그 사람의 말과 행동의 일치를 통해 나타난다. 그 사람이 한 말이 곧 그의 행동으로 보여질 때 사람들은 그 사람을 믿고 따르게 된다. 정치가들에게 공약은 국민에 대한 공식적인 약속이다. 국민은 그 공약이 공수표가 아니기를 기대하며 그 정치가에게 한 표를 던진다.

부모가 아이들에게 한 약속이 그저 말뿐이 아닐 때 아이들이 부모를 존경하고 따른다. 교사가 학생에게 한 말이 곧 행동으로 이어질 때 학생들은 교사를 신뢰하고 존경한다.

친구나 동료 간에도 마찬가지다. 그 사람이 한 말이 거짓이 아닌 진실일 때 우리는 그를 '믿을 만한 사람'이라고 부른다. 그런 사람들은 어느 자리에서든 환영받는다.

신뢰를 줄 수 있는 항목 중의 하나는 약속을 잘 지키는 것이다. 나는 특히 시간 약속을 중요하게 여긴다. 약속한 시간을 지키지 않는다면 그 약속을 중요하게 생각하지 않는다는 반증이다.

만약 아주 중요한 비즈니스 미팅이나 직장 면접이 있다면 지각할 수 있을까? 모든 약속은 중요하다. 그 사람에 대한 신뢰를 판단할 수 있는 중요한 기준이 된다. 대개 그 약속을 중요하게 여기지 않거나 자신에게 별 도움이 없다고 생각할 때 시간을 지키지 않는다.

시간을 지키지 않으면 상대방에게 신뢰를 잃을 뿐 아니라 피해를 준다. 정확한 시간에 시작하여 끝마쳐야 할 회의가 누군가로 인해 늦어진다면 그 시간만큼 타인에게 손해를 끼치는 것이다.

시간을 지키는 일은 그 사람의 습관이기도 하다. 지각하는 사람은 매번 지각하고 그때마다 핑계를 댄다. 하지만 실제로 지각하는 이유는 자신의 생활 습관에 문제가 있기 때문이다. 현재의 습관에서 한 템포만 일찍 움직이면 대부분의 지각은 충분히 막을 수 있다.

약속은 시간을 넘어 확장된 개념으로 해석될 수 있다. 자신이 한 말, 공약이 허세나 허풍이 아니라 실제 이루어지고 있음을 증명해 보일 때 사람들은 신뢰감을 가질 수 있다.

신뢰할 수 없는 리더는 사람들이 따르지 않는다. 사람들은 말과 행동이 일치하는 리더, 자신이 한 말에 대해 책임을 지고 이를 실천하는 리더를 따른다. 현대 리더십 연구의 선구자인 미국의 워렌 베니스와 버트 나누스는 "신뢰는 리더와 그를 따르는 사람들을 결속시키는 접착제"라고 표현했다. 사람들은 리더에 대한 믿음과 신뢰가 생겼을 때 진심으로 그를 따르고 싶은 마음이 생긴다. 지위가 주는 영향력 때문에 어쩔 수 없이 따르는 경우는 예외일 뿐이다. 누군가 리더에 대한 신뢰감과 존경심으로 "나도 언젠가는 저 사람처럼 되고 싶어."라고 말한다면 그 리더는 신뢰를 쌓아온 리더이다.

신뢰는 하루아침에 만들어지지 않는다. 꾸준함과 일관성이 필요하다. 반대로 리더에 대한 신뢰는 쉽게 무너질 수도 있다. 약속을 지키지 않거나 말과 행동이 다르거나 뒷담화를 하거나 정보를 독점하거나 나만을 이롭게 하는 행동을 보이면 쉽게 깨진다. 한번 무너진 신뢰는 다시 얻는 데 두 배 이상의 노력이 필요하다.

지금까지 살아오면서 닮고 싶은 선배나 리더가 있었던가, 그리고 누군가 나처럼 되고 싶은 사람이 있을까를 생각해 볼 일이다.

리더의 선택이 변화를 만든다

우리의 삶은 선택의 연속이다. 태생의 굴레를 벗어난 자아는 형성되는 순간부터 무엇을 향해 어떻게 나아갈지를 끊임없이 묻기 시작한다. 우리는 끊임없는 고민과 함께 선택의 순간을 맞이한다. 그 선택을 어떻게 하느냐에 따라 삶의 길이 달라지고 기회를 얻기도 하고 잃기도 한다. 기회를 얻는 사람은 분석력과 판단력이 좋다고 한다. 타이밍 또한 중요하다. 크라이슬러 사의 전 회장 리 아이아코카는 "올바른 결정이라 할지라도 때가 너무 늦으면 잘못된 결정이 된다."라고 말했다. 빠른 분석과 시의적절한 판단이 기회를 만든다.

나는 결단력이 좀 부족한 편이다. 소위 '결정 장애'라고 할 수 있다. 이리 재고 저리 재느라 놓친 일이 참 많다. 일단 결정을 하고 나면 불꽃을 향해 날아드는 불나방처럼 죽을지 살지 모르고 목표를 향해 열심히 나아간다. 문제는 결정을 내리기까지 꽤 오랜 시간이 걸린다는 것이다.

그렇게 망설이다 친구 사귈 기회도 놓쳤고 운동을 배울 타이밍도 놓치고 인사 이동의 때를 놓치기도 했다. 기회를 잡는 능력은 살아가면서 여러 측면에 적용된다. 자산을 늘리는 데도 필요하고 재능을 키우기 위해 무엇을 할지 결정하는데도 요구된다. 직업을 찾거나 직장에서 자리를 옮길 때도 필요하다.

직장에서 업무를 수행할 때는 빠른 판단력과 결정의 타이밍이 중요하다. 리더는 주변 환경을 살필 줄 알아야 한다. 그동안 과정이 힘들고 어려웠다는 이유로 여기서 물러 설 수 없다는 고집으로 자기의 생각을 끝까지 관철시키려는 행동은 무모하며 실익이 없다.

그렇게 하면 해결될 때까지 부차적 일을 만들어 내면서 시간만 흘러가고 부하 직원은 쓰임 없는 일을 하느라 죽어난다.

현명하지 못한 리더와 일하는 직원들은 결과물은 없는데 이유 없이 바쁘다. 빠른 판단과 결정이 시의적절하지 않다면 소모적인 신경전은 중지해야 한다.

리더라면 당장 눈앞에 보이는 내 것만 볼 것이 아니라 지금의 결정이 미래에 어떤 영향을 줄 것인지도 생각해야 한다. 그래야 그것이 파생하는 또 다른 문제를 미리 방지할 수 있다.

어느 시점에 빠르게 결정하고 기회를 알아보는 것과 그것을 행동에 옮기는 것은 전혀 별개의 문제다. 떠오른 생각이나 기회를 바로 행동에 옮기는 사람은 극히 드물다. 기회를 얻는 사람도 적다는 의미다. 스치듯 지나가는 생각을 붙잡고 그것이 기회임을 알아차리며 그 기회를 잡기 위해 행동해야 한다. 중단하면 그 기회는 실현되지 않는다.

리더는 기회를 알아보고 미래를 예측할 수 있는 능력과 판단력이 필요하다. 더 중요한 것은 정확하고 적절한 판단으로 결정된 일은 빨리 행동으로 옮겨져야 한다는 점이다. 리더의 행동은 변화의 일으키는 힘이다.

순간 포착의 눈

리더는 순간을 포착하는 눈을 한 개 더 가져야 한다. 모든 사람을 만점짜리로 만들고 자신감을 주고 싶다면 그들이 어떤 일을 제대로 해내는 순간을 잘 포착해야 한다. 그들을 도울 수 있는 확실한 방법은 그 결정적인 순간을 알아보고 격려해 주는 것이다. 우리는 지금까지 다른 사람들의 흠을 잡아내도록 훈련받아 왔다. 어린 시절 부모님이나 선생님에게 무슨 일을 하다가 들키면 필시 우리는 뭔가 잘못하고 있었던 것이다. 그런데 지금 나도 그런 부모나 선생님이 되어 있는지 생각해 볼 일이다.

사람들을 성장시키고자 할 때 그들의 부정적인 면이나 실수를 지적하는 데 초점을 맞추는 것은 전혀 도움이 되지 않는다. 잘못하는 순간을 잡아내면 사람들은 방어적으로 변하고 변명하거나 회피한다. 반면 잘하고 있는 순간을 포착하면 긍정적인 면이 강화된다. 이는 사람들의 잠재력을 끌어내고 스스로 더 잘하고 싶다는 동기부여를 일으킨다.

주변 사람들을 긍정의 눈, 따뜻한 시선으로 바라보라. 그러면 분명히 잘하는 일, 칭찬할 만한 순간이 보일 것이다. 아주 작은 일, 짧은 순간을 포착하는 것이 바로 리더의 역할이다. 그 순간을 놓치지 않고 칭찬하는 것 또한 중요하다. 일이 다 끝난 뒤 기억이 흐릿한 상태에서 칭찬하는 것은 마치 버스 지나간 후에 손을 흔드는 것과 같다. 그 사람의 말투, 행동 그리고 하는 일에 찬사를 보내자. 그 사람은 하루종일 날개를 단 듯 기분 좋게 지낼 것이고 칭찬하는 사람 역시 기분 좋은 하루를 보내게 될 것이다.

구성원 모두가 화목하고 일이 성공적으로 이루어지길 바란다면 리더는 일이 잘되고 있는 순간을 포착하는 것을 일과로 삼아야 한다. 그 일이 굳이 대단할 필요는 없다. 작은 일, 별거 아닌 것에도 찬사를 보내 보자. 사실 마음만 먹으면 거의 모든 일이 칭찬의 대상이 될 수 있다.

사람들의 잠재력을 자극하고 더 잘하고 싶은 의욕과 자신감을 불러일으키고 싶다면 칭찬만한 특효약이 없다. 그들이 일을 제대로 해내는 순간을 포착해야 한다. 내 주변에 있는 사람에게 칭찬을 해보자. 그 칭찬은 나에게로 다시 돌아올 것이다.

필요한 사람을 연결해 주는 리더

자신이 어떤 환경에 놓이느냐에 따라 그리고 누구를 만나느냐
에 따라 인생이 달라지기도 한다. 누구를 만나 어떤 영향을 받느
냐에 따라 삶이 더욱 풍요로워질 수도 있고 그 반대의 상황이 이
루어지기도 한다.

대학 시절 미식가인 친구를 만났다. 그 친구는 낯선 장소의 위
치를 익힐 때 패스트푸드점이 어디에 있느냐를 기준점으로 삼을
만큼 패스트푸드를 좋아했고 치킨, 햄버거, 포테이토를 즐겨 먹
었다.

'친구 따라 강남 간다'고 했던가? 나도 그 친구를 따라 롯데리
아와 같은 패스트푸드점과 속이 개운하지 않다는 이유로 매운 쫄

면 칼국수를 2차로 먹으러 가기도 했다. 또 커피를 마시면 맛있는 빵을 덤으로 주는 커피숍을 찾아다니기도 했다.

대전의 유명한 빵집에서 매일 만들어지는 빵을 시식하는 것도 소소한 행복 중의 하나였다. 그 결과 대학 시절 나의 몸무게는 지금의 몸무게보다 10킬로가 더 나갔다. 통통한 몸으로 다이어트를 한다고 굶기도 하고 별별 다이어트를 다 하다가 몸에 이상이 생기기도 했었다.

대학 졸업 후 사회 진출 경로가 서로 달라 그 친구와 자연스럽게 헤어지게 되었고 나의 식생활은 원래 나의 것으로 돌아왔다. 물론 생활 패턴이 달라지고 만나는 사람들이 달라지기도 했지만 그와 함께 나의 몸무게도 자연스럽게 지금의 몸무게와 가까워져 갔다.

직장생활을 하다보면 새로운 환경에서 전혀 다른 배경을 가진 사람들을 만나게 된다. 그들은 내가 속해 있던 사회와는 전혀 다른 영역의 사람들이었고 그들과의 만남은 내 사고의 틀을 벗어나게 했고 세상에 대한 이해를 달리하게 했다. 직장에서 만나는 다양한 사람들은 내 생활 방식과 가치관에 지속적인 영향을 주었다. 직장을 옮기며 새로운 사람들과 함께 생활하고 일하면서, 우리는 서로 영향을 주고받는다. 결국 나를 변화시키는 사람은 멀리 있는 누군가가 아니라, 내 곁에서 긴밀한 관계를 맺고 있는 가장 가까운 사람들이다.

나에게 긍정적인 영향을 줄 만한 훌륭한 사람을 만나는 것은 그 자체로 큰 선물일 수 있다. 하지만 내가 존경할 만한 사람을 스스로 찾아 나서서 만나는 일은 결코 쉽지 않다. 좋은 사람을 알게 되고 그 사람의 삶을 가까이에서 지켜보며 긍정적인 영향을 받는다면 그것만으로도 큰 소득이다.

따라서 리더의 위치에 있을 때 주변의 소중한 사람들에게 큰 영향을 미칠만한 훌륭한 사람들을 소개해 주는 것이 리더로서의 큰 역할이기도 하다. 그 연결 고리가 상대를 성장시키고 사람들과 관계를 맺는데 가교역할을 하기 때문이다.

다만 선결 과제가 있다. 먼저 자기 자신이 긍정적인 영향을 줄 만한 사람이 되어야 한다는 점이다.

리더가 해야 할 일과
하지 말아야 할 일

리더십의 정의는 리더십 학자의 수 만큼이나 다양하다. 내가 내린 리더십의 정의는 '조직의 목적 달성을 위하여 조직원들에게 미치는 영향력' 이다. 리더는 어떤 형태로든 그 조직에 영향을 미치게 되어 있다. 왜냐하면 그 자리가 주는 권력과 조직을 이끌어야 하는 맡은 바 책임이 주어지기 때문이다.

선한 영향력을 행사할지 잘못된 방향으로 영향력을 미치느냐는 리더의 몫이다. 조직원들의 사기를 높여주면서 함께 가느냐? 조직원들의 능력을 믿고 맡기느냐? 조직원들의 능력을 키워주면서 코칭하느냐 등 여러 유형의 리더십이 존재한다. 이처럼 리더십은 조직의 특성에 따라 다르게 적용될 수 있다.

사회생활 속에서 느껴온 리더로서 하지 말아야 할 행동과 갖춰야 할 것을 정리해 본다.

첫째, 조직의 최고 책임자가 모든 일에 깊이 관여하여 직접 나서서는 안 된다. 조직 전체를 조망하고 전체의 흐름을 잡아 중간 관리자로 하여금 하도록 해야 하는 것이다.

그 조직에 최고 수장이 있고 중간 계층의 리더가 있고 직원들이 있는 구조라고 하자. 최고 책임자는 긴급 상황이 아니라면 직접 나서기를 보류해야 한다. 중간 계층의 리더가 있는 상태에서 최고 책임자가 모두 진두지휘한다면 그 조직은 마비된 조직이다. 중간관리자의 설 땅을 빼앗는 격이며, 조직원들은 최고 관리자의 말에만 귀를 기울이며 최고 권위자의 눈치를 보게 된다. 언제까지 최고 책임자가 그 자리에서 큰 조직의 모든 일을 지휘할 수 있을 것인가? 그 조직은 이미 질서가 무너진 조직이다. 직접 나서기보다 중간관리자의 능력을 키워주고 영향력이 미치도록 도와주는 것이 좋다. 중간관리자를 제쳐두고 스스로 시시콜콜 세부적인 것까지 관여한다면 결국 언젠가는 탈진하고 말 것이다. 중간관리자 또한 힘을 잃고 그 일에서 손을 놓아버리게 된다. 그때부터 조직의 나사 빠진 톱니바퀴는 잘 굴러가지 않게 된다.

중간관리자로서 일하던 당시 기관장이 실무자를 직접 불러 업무를 지시하고 정작 중간에 낀 나만 그 사실을 모를 때가 있었다. 실무자에게 오히려 일이 어떻게 진행되고 있는지 물어봐야 했던 상황은 불쾌했고 일할 맛이 나지 않았다. 그 후로는 허수아비처럼 손 놓고 지켜만 보게 되었고 결국 불평은 쌓이고 신뢰는 깨져 업무마다 오해가 생겨 갈등이 끊이지 않았다. 각자 자기의 자리에서 자기에게 맡겨진 임무를 충실히 할 때 그 조직은 건강한 조직이 된다.

둘째, 리더는 성급해서는 안 된다. 일을 처리할 때 마음에 들지 않는다고 화를 내거나 급하게 결정을 내리면 실수를 범하기 쉽다. 문제가 생겼을 때 우선 상황의 완급을 조절하여 지금 당장 해야 할 일인지, 조금 뒤에 해도 되는 일인지 판단해야 한다. 당장 처리하지 않아도 될 일이라면 퇴근 후에 직원들에게 연락하여 일을 어렵게 하지 말자.

셋째, 리더에게 신뢰는 무엇보다 중요하며 이는 리더십의 근간이 된다. 그렇다면 신뢰는 어떻게 구축이 될 수 있을까? 모범이 되는 인격을 일관성 있게 보여주는 것으로 가능해진다. 굳건한 토대 위에 세워진 훌륭한 인격은 짧은 시간 안에 많은 사람들에게 깊은 영향을 준다. 사실 훌륭한 인격을 갖추는 것이 쉬운 일은 아니다. 인격은 일관성으로 소통한다. 내면의 힘이 없는 리더는 한결 같은 믿음을 주지 못한다. 일을 수행할 때의 가치관이 계속

해서 변하기 때문이다. 인격이 결핍된 리더는 카운트다운에 들어간 시한폭탄과 같다. 인격의 부재로 그 사람의 리더십과 업무 수행 능력이 날아가 버리는 것은 시간문제일 뿐이다.

넷째, 존경받는 리더는 명확한 결정을 내리고 실수했을 때는 선뜻 인정하며 개인적인 사안보다는 부서와 조직을 위해서 스스로 최선을 다하는 태도로 존경심을 얻는다. 자신의 결정적인 실수를 인정하고 사과하는 일은 쉽지 않다. 대부분의 사람들은 그럴 수밖에 없는 이유를 들어 핑계를 대고 정당화하려고 한다.

옛 말에 '핑계 없는 무덤은 없다'고 했다. 이유를 들어 그럴 만한 상황이 있었다고 말하려 한다. 2024년 12월 3일 밤 10시 24분에 계엄령이 마치 영화처럼 선포되었다. 대통령이 1차, 2차, 3차 담화문을 발표했지만 내용 중에 자신의 과오에 대한 인정과 반성은 없었다. 모두 그럴만한 이유가 있었으니 나의 답답함을 알아달라는 호소뿐이었다. 탄핵이 의회에서 가결되었을 때도 끝까지 해 보겠다는 말뿐이다.

존경받는 리더는 자신의 과오를 인정할 줄 알며 필요할 때는 적정한 선에서 자세를 낮추고 스스로 물러날 줄도 알아야 한다. 나 자신보다 더 큰 대의를 위해 진정 조직을 위하고 더 나아가 세상을 이롭게 하는 일이 무엇인지 살펴볼 수 있어야 한다.

조직을 살아 숨쉬게 하는 리더

일을 가장 빨리 처리하는 방법이 있다. 리더가 지시하고 명령하여 원하는 방향으로 끌고 가면 된다. 이런 리더는 직원들의 생각에는 관심조차 없다. 협의나 토론도 필요하지 않다. 다른 사람의 의견은 자신의 생각에 미치지 못한다고 여기며 마음에 들지 않는다. 자신이 더 많은 경험을 했고 더 잘 안다고 스스로 생각하기 때문에 직원들은 안목이 부족하다고 판단한다. 자신의 기준이 누구보다도 뛰어나다고 착각한다. 이럴 때 어떤 일이 벌어지는지 생각해 보자. 직원들은 굳이 스스로 생각하려 하지 않는다. 어차피 의견을 제시해 봐야 공염불에 그치기 때문이다. 고민하며 계획을 세워도, 끝내는 최종 결정권자 뜻대로 모두 바뀌고 만다.

결국 가장 편하게 일을 처리하는 방법은 리더에게 물어서 하라는 대로 하는 것이다. 그런데 리더가 자리를 비우면 그 일은 차일 피일 미뤄진다. 리더가 있어야 일이 해결되므로 모두가 결정을 내려줄 때까지 기다리고만 있다. 그 사이에 있는 관리자 또한 허수아비가 되고 만다.

부서 내에서 직원들과 오랜 시간 토론하고 협의하며 나온 의견을 실행 직전에 리더가 뒤집는 경우가 있다. 이런 상황이 되면 중간관리자는 맥이 빠져 일할 의욕을 잃게 된다. 결국 담당자에게 리더와 상의하여 알아서 결정하라고 말할 수밖에 없다. 물론 중대한 사안이거나 명백히 잘못된 선택이라 반드시 수정이 필요한 경우는 예외다.

한 달이 넘도록 현관에 붙일 현판의 글씨체를 결정하지 못한 적이 있다. 한 번 걸면 10년 넘게 유지될 것이니 신중하게 결정해야 했다. 담당자의 늑장에 채찍질해도 좀처럼 처리되지 않아 답답한 마음이 컸다. 결정이 늦어지는 이유는 담당자의 느린 일 처리도 있었지만 리더의 부재로 인한 결정 지연이 한몫했다. 리더가 지시를 내려야만 일이 진행되는 구조였다. 매 단계마다 리더의 허락을 받아야 다음 일을 진행할 수 있었다. 어떤 문구를 넣을지는 이미 결정되어 있었다. 문제는 글씨체였다. 도내 여러 기관의 현판을 모두 가져다 비교해 가장 많은 사람들이 선호하는 것을 택하려 했다. 그러나 기관장은 그러지 말고 정형화되지 않은 새로운 느낌의 글씨체로 써보는 게 어떻겠느냐고 제안했다. 그 제안에 따라 새로운 스타일의 글씨체 시안을 가져왔지만 그것도 마뜩하지 않았다. 그렇게 한 주, 두 주가 지나가고 기관장은 출장을 떠났고 결정은 계속 미뤄졌다. 결국 부서장이 선택지를 두 개로 좁히고 투표로 결정하기로 했다. 하지만 그 선택지조차 리더가 정해준 것이었다.

민주적인 조직에서 담당자의 역할은 직원들의 의견을 충분히 반영해 다양한 선택지를 마련하는 것이다. 사람들은 그중 하나를 선택하게 되므로, 선택지는 다양성과 대표성을 갖추도록 신중히 선별되어야 한다. 업무를 담당하는 사람은 촘촘하게 준비하고 계획해야 한다. 현시대가 요구하는 민주적인 조직에서는 의사결정을 리더 혼자 내리지 않는다. 토의와 토론을 거쳐 조직원 개개인의 의견이 존중된다. 결정은 수렴된 의견의 집합이어야 하며, 직원들이 함께 만드는 것이다. 이런 과정 자체가 이 시대의 민주적 조직이 지향하는 방향이다.

민주적인 리더는 효과적인 의사결정을 위해 구성원의 다양한 관점을 수용한다. 의사결정 과정은 공개적이고 공정해야 하며, 효과적인 소통을 통해 신뢰를 쌓고 갈등을 조율해야 한다. 개인의 독단이 아닌 구성원과의 논의를 거친 결정 과정이 필요하다. 또한 조직의 발전을 위해 새로운 아이디어를 수용하고 변화를 주도해 나가야 한다. 민주적 리더십은 단순히 리더가 민주적으로 행동한다는 차원을 넘어선다. 모든 구성원이 함께 참여하는 문화를 만들어 가는 것이다. 리더는 직원들 스스로 사고하고 창의적으로 생각할 수 있도록 이끌어야 한다. 민주적인 리더가 조직을 살아 숨쉬게 한다.

훈계, 감정이 아니라 기술이다

직장에서 중요한 일 중 하나는 글을 쓰는 일이다. 보고서를 작성해야 하고 동료들과 수시로 메시지를 주고받으며 일을 한다. 부서장으로서 결재를 하다 보면 제대로 된 보고서를 받기 어렵다고 한다. 내용의 전개가 장황해 글의 요지를 빨리 파악하기 어려운 경우가 있다. 보고서는 핵심만 간결하게 담되 필요한 정보는 빠짐없이 담고 있어야 한다. 결재자가 보았을 때 궁금한 점이 없도록 내용을 충분히 갖춰야 한다. 부서장은 바쁘다. 여러 업무를 짧은 시간 안에 보고 판단해야 하기에 보고서까지 일일이 수정할 여유는 없다. 그래도 때로는 보고서를 고치며 후배에게 훈계하거나 가르쳐야 할 때도 있다. 그러한 훈계를 잔소리로 들리거나 불쾌하게 만들어서는 안 된다.

직장에는 세 부류의 상사가 있다. 자신이 직접 할 실력은 안 되면서 아랫사람에게 만족할만한 결과물을 얻을 때까지 계속 퇴짜를 놓으면서 달달 볶는 상사, 한두 번 훈계하다가 결국 답답해서 직접 해버리는 상사, 직접 하면 빨리 끝낼 수 있는 실력이 있지만 아랫사람을 가르치기 위해 애써 훈계하며 기다려 주는 상사.

당연히 세 번째 부류가 가장 바람직한 상사다. 과거에 나는 두 번째 부류였다. 보고는 빨리 올려야 하고 수정된 보고서를 받아도 마음에 들지 않았다.

시간이 없다는 이유로 내가 수정해 처리하곤 했다. 아랫사람 입장에선 일이 줄어 좋다고 할 지 모르겠지만 그에게는 전혀 도움이 되지 않는다. 훈계를 하려면 최소한 훈계 받는 사람보다 실력이 있어야 한다. 힘이나 권력이 아니라 역량 면에서 우위에 있어야 한다. 하지만 그 역량을 과시하려는 힐난 위주의 훈계는 곤란하다. 그건 잘난 체에 지나지 않는다. 잘난 체가 아닌 가르침이 되려면 그 말이 훈계받는 사람에게 실질적인 도움이 되어야 한다. 도움이 되지 않고 윗사람의 권위만 드러낸다면 그것은 자리를 앞세운 소위 '갑질' 일 뿐이다.

훈계하는 사람은 기본적으로 인격이 뒷받침되어야 한다. 상사의 평소 언행이 상사답지 못한 상태에서 훈계를 하거나 지적을 하면 귓등으로 흘려듣기 십상이다. 훈계에는 애정이 깃들어야 한다. 잘못만 지적하는 것은 좋은 훈계가 아니다. 후배를 위한 애정이 담겨 있어야 하며 개선책이나 대안도 함께 제시해야 한다. 잘못만 지적하고 끝낸다면 그것은 훈계가 아니라 비난에 불과하다.

훈계할 때 또 하나 조심해야 할 것은 '남과의 비교'이다. 몇 번 퇴짜를 놓고도 마음에 들지 않아 다른 사람에게 그 일을 맡기는 경우가 있다. 그런 상황에서 처음 업무를 맡았던 담당자는 크게 상심한다.

당사자 앞에서 면박을 주거나 다른 사람과 비교하여 "누구는 잘 하는데, 너는 왜 못하느냐"고 채근을 한다면 그 순간부터 원수지간이 될 수 있다. 일을 잘하는 상사가 훈계를 잘하는 것은 아니다. 전혀 다른 문제다. 실무자 시절에 일을 잘한 사람일수록 상사가 된 후에는 왜 후배가 자신처럼 하지 못하는지 더욱 이해하지 못할 수도 있다. 현역 시절 날렸던 운동선수가 감독이나 코치 역할은 잘하지 못하는 경우가 이와 같다.

훈계 방식도 리더가 배우고 연마해야 할 덕목이다. 특히 MZ세대와 일하는 리더라면 과거의 방식에서 벗어나 새로운 소통 방법을 익혀야 한다. MZ 세대 젊은이들은 훈계에 대한 거부감이 있다. 이전 세대에 비해 자존감이 높고 개인주의 성향도 강하다. 이기적이라기보다는 자기 영역에 누군가 들어오는 것을 꺼리는 개인주의적 태도다. 게다가 이들은 온라인 소통이 익숙해 얼굴을 맞대고 하는 훈계를 부담스러워 하는 경우도 많다.

　기원전 196년경 제작된 로제타석에도 '요즘 젊은 세대는 이해할 수 없다'는 말이 남아 있다고 하지 않는가. 최근 BBC에서는 한국의 '꼰대'라는 단어가 소개되기도 했다. MZ세대를 이해 못하는 구세대를 일컫는 말이다. 세대 차이와 갈등은 시대를 막론하고 존재해 왔다. 아랫사람의 태도를 무턱대고 비난하고 탐탁지 않게 볼 것이 아니라 시대의 변화를 받아들이고 문제를 해결해 가려는 유연함이 리더에게 필요한 덕목이다. 상대의 나이나 지위고하를 막론하고 부하직원의 마음을 움직이는 훈계를 할 수 있다면 그 자체로 직원의 역량을 키우는 일이 되며 성과는 덤으로 따라올 것이다.

쓴소리를 들을 줄 아는 리더

공정하고 진실하지 못한 리더 곁에는 예스맨들만 모여든다. 훌륭한 리더는 자신의 직관만으로 의사결정을 내리지 않는다. 물론 훌륭한 리더는 직관적으로 남들보다 넓게, 더 먼저 보는 능력이 있다. 조직이 커질수록 그 직관을 발휘하기가 쉽지 않다. 조직이 한눈에 들어오지 않기 때문이다. 그래서 리더에겐 측근의 도움이 필요하다. 상하좌우를 두루 살피고 빛이 들지 않는 사각지대까지 살펴봐야 한다.

훌륭하지 못한 리더는 자신에게 진실을 말하거나, 자신의 행실을 지적하는 사람을 싫어하고 멀리한다. 반면 훌륭한 리더는 자신이 신뢰하는 사람들의 의견을 듣고 쓴소리도 수용할 줄 안다. 분명한 것은 리더는 무엇보다 진실을 파악해야 한다는 점이다.

상사의 신뢰를 얻기 위해서는 진실을 말해야 한다. 용기를 내어 솔직하게 상황을 이야기해 보자. 진심을 받아들이고 수용하는 상사는 지속적으로 신뢰하고 따를 만한 훌륭한 리더임에 틀림없다. 그런 상사는 진실을 듣고 싶어 한다. 나 역시 신뢰하고 존경하는 상사에게는 진실을 이야기하고 제안도 했다. 나의 진정성은 통했기에 상사는 진심으로 내 말을 들어주셨고 업무에도 반영되었다. 이런 경험을 통해 상사와 부하직원 간에 신뢰가 깊어진다.

하지만 누구에게나 진실을 말할 수 있는 것은 아니다. 있는 그대로의 사실과 현장의 목소리를 전달했을 때 그것을 못마땅하게 여기는 상사도 있다. 사실을 받아들이지 못하고 전달한 사람을 오히려 폄하하거나 자신의 정당성을 증명하려고 변명을 늘어놓기도 한다. 그렇게 되면 사실을 그대로 전달하기 어려워진다. 말에 필터가 생기기 시작한다. 진실을 듣고 싶은 리더는 설령 귀에 거슬린다 할지라도 진실을 경청하고 수용할 줄 알아야 한다.

누구나 자신의 입장에서는 그럴만한 이유가 다 있는 법이다. 하지만 다른 사람이 아니라고 한다면 다시 한 번 생각해 볼 필요가 있다. 내 주변에는 진심 어린 말을 고깝게 여기지 않고 들어주는 상사가 있는가? 반대로 나에게 진실을 털어놓을 수 있는 후배가 있는지도 돌아봐야겠다.

브라운 백 미팅

브라운 백 미팅은 직원들과 자유롭게 토론하거나 내부 교육을 위해 진행하는 캐주얼한 형태의 미팅이다. 해외에서 갈색 봉지 (brown bag)에 샌드위치와 같은 간단한 점심을 먹으면서 편하게 세미나도 하고 미팅을 하던 데서 유래했다고 한다.

미국 유학 시절, 나는 학교 게시판을 열심히 뒤지고 발이 부르트도록 캠퍼스를 돌아다녔다. 발품을 팔아야 먹을 것이 생긴다고 하는 말이 실감났다. 점심을 무료로 제공하는 브라운 백 미팅은 가난한 유학생인 나에게 그야말로 횡재였다. 샌드위치에 손바닥만 한 초코칩 쿠키까지 나오는 날은 광대 승천하는 날이었다. 점심을 해결할 수 있을 뿐만 아니라 온갖 최신 정보와 훌륭한 강사의 강의까지 들을 수 있으니 이보다 좋은 기회는 없었다. 처음에는 그저 점심 얻어먹는 재미로 브라운 백 미팅에 참석했지만 어느 순간 손을 들고 질문하고 있는 나 자신을 발견하고 깜짝 놀라기도 했다.

교육부에 파견을 갔던 2018년, 바로 그곳에서 브라운백 미팅을 하고 있었다. 점심시간을 활용해 각 부서의 업무에 대해 홍보하거나 유명 강사를 초빙해 강의를 듣기도 했다.

주로 수요일에 열렸고 나는 가능하면 빠지지 않고 참석했다. 너무 좋은 제도였고 시간을 내기 어려운 직장인에게는 1석 2조의 효과가 있다. 역시 중앙정부는 직원들의 역량 개발에 적극적이라는 생각을 했다. 교육부에는 유학 또는 해외 파견 기회도 많으니, 해외에 다녀온 고위 공직자들이 이런 제도를 도입했을 것이란 추측을 했다. 교육청으로 돌아가면 이 제도를 제안해 보고 싶었다.

지방정부의 직원들에게 큰 도움이 될 것이라고 생각했다. 물론 선택 사항이므로 원하지 않는 사람은 참여하지 않아도 된다. 그러나 조직 내에서 자기 부서의 일만 알아서는 정책 사업을 유기적으로 수행하기 어렵다.

브라운백 미팅을 통해 얻는 장점은 매우 많다. 시간을 아껴 근무시간 내에 서로 정보를 공유할 수 있다. 자신이 흥미로운 분야 또는 해보고 싶은 일을 발견할 수 있는 좋은 기회가 된다. 또한 다양한 교양강좌는 직장인들의 품격을 높이고 지적인 대화를 할 수 있게 한다. 업무능력의 향상, 인문학적 소양의 증대로 개인의 성장뿐만 아니라 조직의 성과를 높일 수 있다.

2023년 1월, 우리 부서 직원들과 브라운 백 미팅을 처음 실행해 보았다. 전 직원이 함께 샌드위치를 먹으며 '친절한 전화는 무엇인가?' 라는 주제로 강의도 듣고 토론도 하는 시간을 가졌다. 새로운 시도였고 하고 싶었던 일을 실천에 옮긴 의미 있는 순간이었다. 우리 부서에는 전화 친절 우수상을 네 차례나 수상한 팀장이 있어 강의를 부탁했다. 흔쾌히 수락해 주었고 회의 장소까지 직접 마련해 일사천리로 진행되었다. 민원 부서인 우리 부서에 필요한 주제였고 악성 민원을 어떻게 해결할지 서로 이야기하는 시간도 재미있었다.

모니터 속으로 빨려 들어갈 것 같은 일상을 살고 있는 우리 직장인들은 서로 얼굴 보며 이야기 나누는 시간이 절실하다. 함께 이야기하고 실없는 소리로 웃기도 하는 시간은 숨통을 트이게 한다. 그런 시간을 많이 만들어 주자. 이제는 이 미팅을 어떻게 지속할지가 남은 숙제다. 그러나 분명한 것은 꿈은 이루어진다는 것이다.

경계를 뛰어넘는 리더

21세기 4차 산업혁명 시대가 요구하는 인재는 창의적인 사람이다. 늘 '왜?' 라는 질문을 던지며 다른 각도로 사물을 바라보고 새로운 방법으로 시도할 때 창의적인 일이 된다. 하지만 말처럼 쉽지 않다. 특히 공무원 세계에서 통하는 '컨트롤 C, 컨트롤 V'는 일을 수월하게 만드는 관행처럼 여겨진다. 새로운 업무를 맡았을 때 전임자가 해 놓은 업무는 교과서가 된다. 그대로 따라 하면 큰 문제는 없을 것이고 중간은 간다는 생각이 지배적이다.

하지만 새로운 일을 대할 때 가장 먼저 우리가 해야 할 일은 '왜?' 라는 질문을 던지는 것이다. 왜 이 일을 하게 되었을까? 왜 이런 방법으로 할까? 다른 방법은 없을까? 이런 질문을 통해 기존의 틀에 갇힌 업무 행태에서 벗어날 수 있다. 공무원 조직의 실무자가 스스로 의문을 제기하며 일하는 자세는 관료적인 탑다운 (Top-Down) 조직문화도 바꿀 수 있다. 물론 실무자가 제기하는 '왜?'를 함께 고민하고 수용해 주는 리더와 함께일 때 가능하다. 반대로 리더가 제기하는 '왜?'에 대해 깊이 있게 연구하고 개선하려는 실무자가 함께 할 때 그 조직은 성장할 수 있다.

　새로운 분야의 업무를 담당하게 되었을 때 대부분의 사람들은 두려움이 앞선다. 변화에 대한 불안과 함께 새로운 도전은 위험하다고 느끼기 때문이다. 특히 새로운 도전에 거부감이 큰 조직은 공무원 조직이다. 현재 상태에 익숙해 그대로 해도 아무 문제가 없다고 생각한다. 새로운 정책이 생기거나 신개념 시스템이 들어오면 그것을 배우고 익히는 데 시간과 노력이 든다. 실적에 따라 월급을 더 주는 것도 아니다. 누가 특별히 알아주는 것도 아니다. 오히려 새로운 시도를 하려는 상사를 향해 실무자들은 "괜히 일을 벌인다"며 뒷말을 하기도 한다. 새로운 정책에 따라 새로운 일을 시행해야 하는 하급 기관은 '현장이 얼마나 바쁜지 아느냐'며 오히려 반문하고 불만을 쏟아내기도 한다.
　새로운 정책 사업을 시행하려면 '이게 내 일인가, 네 일인가'를 따지느라 문서가 접수조차 되지 않고 허공을 떠도는 일이 다

반사다. 관련 부서를 찾느라 시간은 흐르고 결국 업무 핑퐁을 하다가 업무조정위원회까지 열게 된다. 관계 부서 간에는 업무가 늘어나느냐 마느냐로 날카로운 신경전이 벌어진다. 최근의 정책 사업은 여러 부서와 협업이 필요한 경우가 많다. 협업하고 소통하지 않으면 업무를 제대로 수행하기 어렵다.

이럴 때 리더의 역할이 중요하다. 실무자들은 대부분 그저 아무 일 없이 지나가기를 바란다. 그러나 진정한 리더는 기존의 관행에서 벗어나 부서 간 경계 허물기를 기대한다. 더 나은 방법과 진보를 추구한다. 관리자와 리더의 차이는 여기서 드러난다. 관리자는 자기가 감독하는 업무가 제대로 돌아가고 있는지 확인하기 위해 규칙과 관행에 의존한다. 그저 현상 유지에 머문다. 그리고 무엇을 하는지(What to do)에 집중한다. 반면 리더는 더 나은 미래를 지향하며 비전과 목표를 제시한다. 관리 그 이상을 해내기 위해 틀에서 벗어나 어떻게 할 것인지(How to do)에 초점을 둔다. 리더는 경계를 확장하는 사람이다.

경계를 넘어 새로운 세계로 뛰어들자. 그것이야말로 미래 사회가 요구하는 바람직한 리더의 모습이다. 새로운 도전과 발전을 위해, 직원들의 '까다롭다'는 뒷담화를 두려워하지 말자.

성장을 멈추면 퇴보한다

세상은 빠르게 변하고 많은 사람들은 그 변화에 저항한다. 특히 자신의 일상생활에 영향을 미칠 때 그 저항은 더 크다. 코로나19는 전 세계에 변화를 가져왔다. '사회적 거리두기'라는 이름으로 사람들과의 만남이 국가 권력에 의해 차단되고 비대면 문화가 일상이 되었었다. 아날로그 방식에서 디지털로의 전환이 가속화되었다. 재택근무와 온라인 쇼핑이 보편화되었고 사람들은 더 이상 물리적 거리보다는 네트워크 연결을 더 중요하게 여기게 되었다. 이 시기는 사회의 문화까지도 바꿔 놓았다. 그 영향은 경제에도 크게 미쳐 살아남는 기업이 있는가 하면 부상하는 산업이 생기고 새로운 직업도 등장했다.

교육계도 예외는 아니었다. 갑작스럽게 온라인 수업전환이 불가피하게 되면서 교사와 학생 모두 혼란을 겪기는 했지만 동시에 교육의 패러다임이 변화하는 계기가 되었다. 전통적인 수업 방식에서 벗어나 원격수업, 블렌디드 러닝, 자기주도 학습이 강조되었고 기술을 활용한 학생 맞춤형 교육이 확산되었다. 이제는 디지털 교과서를 도입하느냐 마느냐를 고민하는 단계에 이르렀다. 그러나 디지털 격차 문제도 함께 부각되면서 단순한 기술 도입을 넘어 교육의 본질에 대한 고민도 필요해졌다.

이러한 변화 속에서 우리는 한 가지 질문에 마주하게 된다. 변화는 선택인가? 필연인가? 세상은 끊임없이 변화하고 그 변화는 때로 우리에게 강요되기도 한다. 하지만 그 변화 속에서 무엇을 받아들이고 어떻게 적응할지는 결국 우리의 선택이다.

변화를 두려워하며 머물러 있을 것인가, 아니면 새로운 길을 모색해 나갈 것인가? 교육도 마찬가지다. 코로나 19로 인해 어쩔 수 없이 온라인 수업을 시작했지만 이는 미래 교육을 앞당기는 계기가 되었다. 그렇기에 더 빠르게 미래 교육의 방향을 고민해야 했다. 변화는 피할 수 없지만 그 변화를 기회로 만들 것인지는 교육 리더의 선택에 달려 있다.

미래 교육은 단순히 새로운 기술을 도입하는 것에 그치지 않는다. 교육의 본질적 목표를 다시 고민해야 한다. 지식을 암기하는 것이 아니라 그것을 활용하는 능력을 키우고 학생들이 스스로 학습할 수 있도록 돕는 것이 핵심이다. 변화하는 시대에 맞춰 교육도 달라져야 한다. 이제는 교사와 학생, 학부모, 교육정책 입안자 모두 함께 새로운 교육 패러다임을 만들어 가기 위해 변화하고 성장해야 할 때다.

레오 톨스토이는 "누구나 세상을 변화시키려 하지만 정작 자신을 변화시키려는 사람은 없다"고 말했다. 변화는 불가피하며 그 누구도 피해 갈 수 없다. 반면 성장은 선택이다. 스스로 성장을 선택할 수도 있고 거부할 수도 있다. 그러나 성장을 주저하는 사람은 결코 자신의 잠재력을 온전히 발휘할 수 없다. 성장을 꺼리는 리더는 조직을 변화시킬 수도 없다.

진정한 리더가 되기를 바란다면 가장 높은 자리에 올랐을 때 오히려 성장을 멈추지 말아야 한다. 주희(朱熹)와 학문적으로 깊은 교류를 나눈 여동래(呂東萊)는 철학서 《근사록》에서 이렇게 말하고 있다.

"날마다 진보하지 않으면 반드시 날마다 퇴보한다."
不日新者必日退 (불일신자필일퇴)

"게으른 마음이 한번 생기면 곧 자포자기에 빠진다."

懈意一生 便是自棄自暴 (해의일생 변시자기자포)

무언가를 이루었다고 해서 거기서 멈추고 게으른 마음이 생기면 곧바로 퇴보하게 된다. 한 조직의 정점에 있는 최고 지도자라고 해도 예외는 아니다. 특히 최고 지도자가 아랫사람에게 해이한 모습을 보이는 것은 가장 치명적이다. 지도자의 행동 하나하나가 구성원들에게 영향을 미치고 조직의 분위기를 만들어가기 때문이다.

게으른 마음이 생기지 않도록 날마다 계속 성장하도록 나를 다독여본다.

자율과 책임으로 영재를 만드는 조직

조직을 움직이게 하는 것은 결국 사람이다. 어떤 조직은 똑똑한 인재를 둔재로 만들고 또 어떤 조직은 평범한 사람을 더 큰 사람으로 성장시켜 조직의 발전에 기여하게 한다. 구성원을 어떤 사람으로 만드느냐는 조직 문화와 리더의 역할에 달려 있다. 물론 개인적인 성향도 일부는 작용할 것이다. 조직의 발전을 위해 조직에 해를 끼치는 사람은 과감히 밀어내고 도움이 되는 사람을 영입하여 조직을 점점 활성해 나가는 것이 리더의 역할이다.

최고의 기업이라 불리는 넷플릭스의 근무 시스템에 대해 읽은 적이 있다. 이 회사는 최고의 인재를 영입하고 그에 걸맞는 최고의 대우를 제공한다. 복무에 관한 규정도 없으며 휴가도 마음대로 쓸 수 있다. 다만 본인의 업무에 책임을 지고 조직 운영에 지장을 주지 않는 범위 내에서 사용할 수 있다. 직원들은 자유롭게 휴가를 즐기며 오히려 업무 효율을 높인다. 물론 리더가 먼저 솔선수범한다. 그 결과 책임감은 상향되고 조직에도 활력이 더해진다. 넷플릭스는 여비에 관한 규정도 없다. 일의 효율을 최우선으로 하며 필요한 범위 내에서 자율적으로 사용한다. 예를 들어, 주로 비행기로 출장을 가는 미국에서 다음날 아침 중요한 회의에 참석하기 위해 최상의 컨디션이 중요하다면 전날 밤 비즈니스 클래스를 이용하는 것이 허용된다. 그 판단은 직원 스스로 한다. 그렇다고 방만하게 그냥 내버려 두지는 않는다. 정기적인 감사 대신 정기적으로 회계 시스템을 살펴보고 눈에 띄게 의심이 가는 부분은 색출하여 점검한다. 만약 문제가 발견된다면 그 직원은 바로 퇴출된다. 넷플릭스는 모든 직원들에게 자율과 책임을 부여한다. 직원들은 자유롭게 날개를 펼치면서 자신의 업무에 몰입할 수 있으며 회사는 그들이 일에만 집중할 수 있도록 확실하게 지원한다. 부러운 시스템이면서도 동시에 냉정한 구조다.

내가 속한 조직은 어떤가? 법과 규정이란 틀에 박혀 옴짝달싹하지 못한다. 복무 규정은 너무도 명확해 9 to 6, 8시간 근무는 정확하게 지켜져야 한다. 여비 규정도 역시 명확하다. 다소 불합리한 부분이 있어도 규정에 맞으면 문제가 되지 않는다. 어떤 일이든 법을 앞세우고 규정에 부합하면 그걸로 끝이다. 공무원이 불합리한 규제를 개선하고 공공의 이익을 위해 창의성과 전문성을 바탕으로 적극적으로 업무를 처리하도록 만든 '적극 행정 제도'는 있지만 실제 업무에 적용할 때조차 법의 테두리 안에서다. 그런 조직에서 과연 전문적이고 창의적인 사고가 가능할까? 하는 의문이 든다.

　똑똑한 인재로 입사하여 둔재로 전락할 수도 있다. 경직된 조직 문화 속에서 실패는 용납되지 않고 안전한 선택만이 최선이 되는 조직, 상사의 지시대로만 움직이는, 비판적 사고가 억제되고 질문과 토론이 배제된 환경은 영재를 둔재로 만든다. 개인의 강점을 무시한 업무 배정과 기준 없는 승진 제도로 역량보다 연공서열, 학연, 지연, 혈연, 정치적 이유로 인력이 배치되는 조직, 꾸준히 공부하고 자기 계발하지 않아도 줄만 잘 서면 승승장구할 수 있는 그런 조직이다.

　언젠가 후배들이 "가만히 있으면 중간이라도 간다. 나서면 정 맞는다."며 이곳에서 살아남는 법을 이야기하는 것을 들은 적이 있다. 공감한다. 처음에는 똑똑하고 열정적이었던 인재가 점차 도전을 피하고 무기력해지며, 결국 기존 조직의 평균 수준에 맞춰 스스로 순응한다.

살아 움직이는 조직을 만들기 위해서는 배움과 성장을 중심에 둔 문화가 필요하다. 이를 위해 지속적인 학습 지원 시스템을 구축하고 역량 중심의 인력배치와 협력과 동기를 촉진하는 환경이 뒷받침되어야 한다. 또한 개인이 정체되지 않고 계속해서 발전할 수 있도록 유연한 직무 이동과 도전 기회를 폭 넓게 제공해야 한다. 그렇게 된다면 '둔재'로 보였던 사람이 스스로 자기만의 강점을 발휘하며 '영재'로 성장할 수 있을 것이다.

고여 있는 맑은 물

　나이가 들수록 갈등 상황을 피하게 된다. 살아오며 갈등이 얼마나 피곤하고 힘든 일인지 익히 경험했기 때문이다. 갈등이 문제 해결과 관계 개선으로 이어질 수 있다는 것을 알지만 실제로 그렇게 되기는 쉽지 않다. 그래서 많은 사람들이 갈등을 피해 적당히 넘어간다. 문제가 있어도 굳이 문제 삼지 않는다. 작은 조직일수록 더욱 그렇다. 그래야 큰 문제로 번지지 않기 때문이기도 하다. 그런 조직은 겉으로 보기엔 사이가 좋은 것처럼 보인다. 묻지도 따지지도 않는다. 의문을 제기하는 사람도 없다. 누군가 이의나 문제를 제기하면 그 평화가 깨질 까 두렵기 때문이기도 하다. 그저 평온한 분위기를 유지하고 싶어 할 뿐이다. 질서가 없는 듯 보여도 나름의 질서가 유지된다.

이 평화로운 분위기는 화합과 단합이라는 이름으로 포장된다. 단합을 명분삼아 서로 듣기 싫은 소리를 하지 않고 유야무야 넘긴다. 그래서 그런 조직에서는 문제가 수면 위로 잘 드러나지 않는다. 고인 물을 보면 수면 위는 맑아 보인다. 그러나 그 아래에는 여러 가지 불순물이 섞여 있다. 불순물을 제거하려면 물을 휘저어 불순물을 드러내고 제거해야 한다. 하지만 많은 경우 불순물이 있음에도 휘젓는 것 자체를 피한다. 그렇게 덮어놓는다고 불순물이 제거되는 것도 아닌데 말이다. 결국 그 물은 언젠가 썩기 마련이다.

변화를 이루기 위해서는 이를 수용하는 쪽과 그렇지 않은 쪽 사이의 갈등이 불가피하다. 부딪쳐 생기는 소음이 듣기 싫어 갈등을 피하기만 한다면 변화도 발전도 없다. 머리 아프고 번거로운 일이지만 갈등은 외면하지 말고 수면 위로 드러내어 소통을 통해 풀어야 한다.

문서 관리 시스템 운영에 대해 타 부서장에게 결재 과정의 일부를 변경해 달라고 요청한 적이 있다. 기관 내 회의 시간에 여러 차례 건의했으나 고쳐지지 않았다. 시간이 한참 흐른 뒤에 우연히 그 부서 직원들과 이야기를 하던 중 그들이 해당 사안을 잘못 이해하고 있었고 의도적으로 시정하지 않았다는 사실을 알게 되었다. 내 요구가 부서 간 서열을 가르거나 월권하려는 것도 아닌데 괜한 자존심을 세우고 있다는 생각이 들었다. 그들은 다른 기관에서는 문제 삼지 않는데, 왜 그런 요구를 하느냐며 오히려 큰소리를 쳤다. 생각의 차이일 뿐이라고 말이다. 하지만 나는 규정에 따른 업무 처리이고 실제로 필요하기에 요구하는 것인데 생각의 차이라고 치부하는 그들을 이해할 수 없었다. 어디까지 어떻게 해야 하는지 명확히 정리해드리겠다고 말하며 방을 나섰지만 마음은 무거웠다.

그 일을 시작으로 다른 일로도 사사건건 부딪쳤다. 갈등은 또다른 오해와 감정싸움으로 번져 갔다. 문제를 근본적으로 해결하려 정확한 규정에 근거해 전 직원을 대상으로 교육하는 것이 좋겠다는 판단이 들었다.

기관장과 협의한 후 교육 자료를 만들어 교육하기로 했다. 그러나 교육 며칠 전, 기관장은 나를 조용히 불러 교육하지 말아 달라고 요청했다. 더 큰 갈등으로 번져갈 것을 우려한 것이다. 결국 교육은 취소하고 타 부서에 교육 자료만을 전달한 뒤 각자 내용을 숙지하고 필요한 부분은 자율적으로 수정해 줄 것을 요청하고 마무리를 했다.

한 부서에서는 적극적으로 어떻게 수정해야 할지 의견을 물어오고 명확한 해석을 바탕으로 업무를 마무리하며 협조했다. 그러나 다른 부서는 아무런 변화도 관심도 없었다. 기존 관행대로 하겠다는 태도를 고수했다. 결국 반쪽짜리 문제 해결로 끝나고 말았다. 갈등이 난무하는 이 시대에 필요한 것은 '내가 틀릴 수 있다' 는 지적 겸손함, '다른 사람은 나와 다를 수 있다' 는 지적 유연함이다.

리더는 경계를 확장하는 사람이다

- 자신감 리더십
  자신감 있는 리더는 자신을 믿고 능력있는 아랫사람을 두려워하거나 시기하지 않는다. 성공을 모두 아랫사람에게 돌리고 실패했을 때 비난과 질타는 기꺼이 자신에게 돌린다

- 신뢰 구축 리더십
  신뢰감은 그 사람의 말과 행동의 일치를 통해 나타난다. 약속은 시간을 넘어 확장된 개념으로 해석될 수 있다. 자신이 한 말, 공약이 허세나 허풍이 아니라 실제 이루어지고 있음을 증명해 보일 때

- 변혁적 리더십
  리더는 기회를 알아보고 미래를 예측할 수 있는 능력과 판단력이 필요하다. 리더의 행동은 변화를 일으키는 힘이다

- 코칭 리더십
  모든 사람을 만점짜리로 만들고 그들이 자신감을 갖게 해 주고 싶다면 그들이 어떤 일을 제대로 해내는 순간을 잘 포착해야 한다

- 멘토링 리더십

  리더의 위치에 있을 때 주변의 소중한 사람들에게 큰 영향을 미칠만한 훌륭한 사람들을 소개해 주는 것이 리더로서의 큰 역할이기도 하다. 먼저 자기 자신이 긍정적인 영향을 줄 만한 사람이 되어야 한다

- 민주적 리더십

  민주적인 리더는 효과적인 의사결정을 위해 구성원의 다양한 관점을 수용한다. 민주적 리더십은 단순히 리더가 민주적으로 행동한다는 차원을 넘어선다. 모든 구성원이 함께 참여하는 문화를 만들어 가는 것이다

- 경계확장형 리더십

  진정한 리더는 기존의 관행에서 벗어나 부서 간 경계 허물기를 기대한다. 더 나은 방법과 진보를 추구한다. 리더는 경계를 확장하는 사람이다

제 3 부

사람과의
관계 속에서 배우다

리더는 한 발 물러서 있는 편이
팀원들이 편하게 자신의 업무에 집중하며
기량을 마음껏 발휘할 수 있도록
도와주는 길일 것이다.

가장 좋은 리더는
가장 강한 리더가 아니라,
가장 많은 사람을 강하게 만드는 리더다.

– 존 C. 맥스웰 –

기대 이상의 성과를 이끄는 리더의 비밀

사람은 누구나 타고난 재능과 장점이 있다. 다른 사람들을 자세히 관찰해보면 내가 갖지 못한 장점이 있고 심지어 어린아이에게서도 배울 점이 있다. 상대의 장점과 배울 점에 주목해 진심으로 인정해 주면 그는 그런 칭찬과 기대에 보답하고자 더 노력하게 된다. 그리고 종종 기대 이상의 결과를 보여주기도 한다.

나 역시 존경하는 상사와 일했을 때 상사가 기대하는 것 이상의 것을 보여 주고 싶어 더 열심히 했다. 그 과정에서 나 자신도 성장할 수 있었다. 이제 내가 팀장이 되었고 그런 역할을 해야 할 차례다. 직원들과 굳건한 인간관계를 구축하고 그들이 진심으로 나를 존경하고 좋아하게 된다면 그들은 최선을 다해 일할 것이다. 그런 환경이 만들어지면 그들의 가치와 역량이 향상됨은 당연지사다. 반대로, 직원들의 의지나 역량은 무시한 채 상사가 원하는 방향만을 제시하고 지시한다면 일은 더 이상 즐겁지 않다. 잘해보려는 의욕도 사라진다. 결국 능력을 제대로 발휘할 수 없을 뿐만 아니라 이는 곧 조직 내 갈등의 요소가 되기도 한다.

칭찬을 넘어 그 사람의 존재 가치를 인정해 줄 때 충성을 다하게 된다. 공주에서 1년 6개월 근무하는 동안 두 명의 교장과 두 명의 교감, 그리고 두 명의 과장과 두 명의 계장을 만났고 그 외에도 수 없이 많은 동료 직원들이 있었다. 그들은 이전에 함께 근무했던 사람들과는 다른 성격과 장점을 지닌 사람들이었다. 그들의 가치를 인정해 주고 존중해 줄 때, 그들은 각자의 자리에서 더욱 열심히 일했고 스스로 빛났다. 무엇보다 감사했던 것은 모두가 제 역할 이상으로 충실하고 성실하게 임무를 다해주었다는 것이다. 큰 문제나 충돌 없이 함께해 준 그들이 무척 고맙다.

리더가 되면 어떤 사람들과 함께하느냐가 성공과 실패를 좌우하는 중요한 요소가 된다. 그리고 함께 하는 직원들을 어떻게 대하느냐에 따라 그들의 태도와 마음을 달라지게 만들 수도 있다. 성난 황소 같던 직원이 순한 양이 되기도 하고 반대로 순한 양이 거친 황소가 되기도 한다. 직원들이 스스로 자신이 얼마나 소중하고 귀한 존재인가를 알고 있을 때 자신의 역량 이상을 발휘할 수 있다. 귀한 사람을 귀하게 대우하자. 나에게로 온 모든 이들은 참으로 소중한 사람들이었고 감사해야 할 동료들이었다.

마음의 문을 열고 벽을 허물어

누군가와 가까워지기 위해서는 먼저 자신의 마음의 벽을 허물어야 한다. 친해지고 싶은 사람이 생기면 우리는 자연스럽게 자신의 이야기를 진솔하게 털어놓게 된다. 자신의 성격이나 좋아하는 것, 어린 시절의 이야기나 힘들었던 시기 등을 허물없이 이야기한다. 이렇게 자신을 먼저 오픈하는 사람을 만나면 적어도 그 사람은 나에게 호감을 가지고 있다고 봐도 된다. 반대로 거리감을 두고 있는 사람은 좀처럼 자신의 이야기를 하지 않는다. 말을 한다 하더라도 자신의 이야기 대신 남의 이야기, 세상 돌아가는 이야기를 늘어놓는다. 자기 이야기가 아닌 다른 사람 이야기로 일종의 자기보호막을 치는 것이다. 한 번이라도 자신의 개인적인 이야기를 털어놓았던 사람과 다음에 다시 만나면 한결 가까워진

느낌을 받는다. 그렇게 가까워지기 위해 우리는 궁금한 점을 하나씩 묻고 답하며 조금씩 마음을 연다.

내 가까이에 있는 사람에게 넌지시 물어보자. 꿈은 무엇인지, 가장 힘들었던 순간은 언제였는지, 가장 즐거웠던 기억은 무엇인지, 무엇을 가장 가치 있게 여기는지 그리고 스스로 생각하는 장점은 무엇인지. 이처럼 진심 어린 질문을 주고받다 보면 상대의 마음의 빗장이 서서히 열리고 어느새 그 사람은 내 마음 속 깊은 곳으로 들어와 있게 된다.

경영이론의 선구자인 피터 드러커는 "사람을 이끄는 것은 오케스트라를 지휘하는 것과 같다. 지휘자는 각기 다른 수많은 연주자와 악기에 대해 속속들이 알고 있어야 한다"고 말했다. 드러커는 이 말과 함께 리더들에게 질문을 던졌다. "자신이 이끄는 팀의 핵심 멤버에 대해서 정말 잘 알고 있는가?"

적절한 질문은 사람들의 마음을 여는 열쇠가 된다. 마음이 열리면 서로를 이해하게 되고 서로를 이해하게 되면 친밀감이 생긴다. 친해진 사람과는 일도 훨씬 수월하게 할 수 있다. 하지만 분명한 것은 이런 질문들을 면접하듯 해서는 안 된다는 점이다. 또한 자리에서 모든 질문에 대한 대답을 들을 필요는 없다. 질문은 의도를 담되, 자연스러운 대화처럼 흘러가야 한다.

그런데 문제는 상대가 마음을 열려고 하지 않을 때다. 개인주의가 팽배한 오늘날, 많은 사람들은 스스로를 보호하기 위해 단단한 방어벽을 친다. 그런 벽을 허물고 굳게 닫힌 마음의 문을 여는 것 또한 리더의 역할이다. 다양한 악기들이 조화롭게 소리를 낼 때 오케스트라는 최고의 찬사를 받는다. 그래서 나는 그들의 소리에 귀를 기울여 보고자 질문을 했다. "김 샘, 우리 소통의 날 행사 어디로 가고 싶어? 어디가 제일 좋을까?" 그런데 돌아온 대답은 이랬다.

"저는 빨리 집에 가고 싶은데요!" … 내가 너무 면접하듯 질문했던 걸까?

후배에게 빛나는 무대를 열어주다

실무에 능통했던 사람이 승진이나 전출로 갑자기 리더가 되면 대부분 실무자 시절의 습관이 몸에 배어 있다. 팀원에게 일을 맡기지 못하고 자신이 직접 참여하고 개입해야 직성이 풀린다. 이런 유형의 팀장은 팀원들의 일 하나하나가 자신의 기대에 미치지 못한다고 느끼기 마련이다. 성격 급한 리더일수록 제한된 시간 안에 보고하지 않고 미루는 직원들을 보면 답답함을 느낀다. 결국 직접 세세한 것까지 지시하며 팀원들이 스스로 판단하고 추진할 시간을 주지 못한다. 그 결과 팀원들은 리더의 지시만 기다리는 수동적인 존재가 되고 만다.

하지만 팀장은 팀원들이 각자의 업무에 대해 주도적으로 생각하고 판단해 추진할 수 있도록 기다릴 줄 알아야 한다. 그래야만 좋은 리더로 자라날 수 있다. 그들의 노력을 마음껏 칭찬해 주고 그들의 가치를 높여주어야 한다. 한 사람의 스타를 만들어 내기보다 팀 전체가 함께 빛날 수 있도록 이끄는 것이 진정한 리더의 역할이다. 팀의 성공은 어느 한 사람의 능력과 노력만으로는 결코 이루어질 수 없다.

팀장으로 근무하던 시절, "이제는 내가 뒤로 물러서 있어야 하는구나!"라는 생각이 들었다. 사실 실무자 시절처럼 내가 나서서 처리하면 금방 해결될 것 같았다. 하지만 이제는 그렇게 해서는 안 된다는 걸 느꼈다. 그들이 할 수 있도록 도와줘야 할 위치에 있는 것이다.

실무진 시절, 즉 현장에서 종횡무진 무대를 누비던 때가 가장 생명력 있었던 시기였다는 것을 새삼 깨닫는다. 이제는 팀 리더로서 업무의 목적과 방향을 제시하고 그들이 하는 일을 세심하게 살피며 열심히 일하고 능력을 발휘할 수 있도록 도와주는 역할을 해야 할 때다.

그들이 무대에서 빛나도록 도와줘야 한다. 일이 성공적으로 추진되었을 때는 그 공을 선뜻 팀원들에게 돌려주자. 반대로 일이 잘 안 되었을 때는 그 책임을 리더가 떠안아야 한다.

"최고의 리더는 지식과 능력 면에서 자신을 월등히 능가하는 리더를 길러내는 사람이다."라는 말이 있다. 나보다 뛰어난 미래의 리더를 키워내는 것이 지금 리더로서의 나의 역할이다. 그래야 조직은 발전할 수 있다.

어떤 리더는 과거 자신이 이룬 치적을 장황하게 늘어놓으며, 한창때의 무용담을 계속 이야기하곤 한다. 그런 이야기를 통해 자신에게 존경심을 갖도록 유도하려는 의도가 담겨 있다. 소싯적 이야기를 자주 하는 사람을 우리는 흔히 '꼰대' 라 부른다. 과거의 일에 천착하기보다 새롭게 등장한 후배들이 나보다 더 나은 자질과 능력을 갖춘 인재로 성장해 가도록 도와주자. 팀원들이 중요한 결정을 내릴 수 있도록 의사결정권도 부여해 보자.

권한을 위임하고 팀원들이 마음껏 기량을 펼칠 수 있도록 지원하자.

다름을 인정하되 옳지 않음도 알아야

20~30대에는 거의 모든 사람들이 나와 비슷한 생각을 하며 살아가고 있을 거라고 생각했다. 하지만 세월이 흐르고 다양한 유형의 사람들을 만나며 성숙해질수록, 제각기 다른 생각과 기질을 가진 사람들이 함께 모여 살아가고 있다는 사실을 알게 되었다. 그리고 나 역시 다른 사람들과 마찬가지로 중대한 허점을 가진 존재임을 깨달았다. 조직 안에서 각기 다른 재능과 개성을 지닌 사람들이 함께 일하기에 함께 성장할 수 있고 더 많은 일을 멋지게 해낼 수 있으며 서로 달라서 오히려 더 흥미롭고 즐거울 수 있다.

반면 갈등의 시작은 "왜 나와 같은 생각을 하지 않을까?"라는 의문에서 비롯된다. 사람들은 나와 생각이 다르고 생각에 따라 행동도 달라진다. 그런 경우 그것이 못마땅하게 느껴진다. 내가 옳고 다른 생각을 하는 사람이 그르다고 여기는 것이다. 그러면서 갈등이 시작된다. 때로는 내가 옳다고 생각하는 바를 주장하고 그것이 관철되지 않으면 끝까지 싸우려 드는 경우도 있다. 누가 봐도 옳은 일이라면 강하게 밀고 나갈 필요가 있다. 그러나 생각의 차이에 따라 다르게 해석되거나 처리할 수 있는 문제라면 받아들이자. 조물주가 우리를 그렇게 다양하게 만들었고 그 덕분에 우리는 다양한 삶을 누릴 수 있는 것이다.

어떤 경우에도 용납되어서는 안 되는 것이 있다. 조직을 이끌어 나가는 데에는 분명한 책임과 역할이 있으며 소통과 협력을 바탕으로 규율과 윤리를 준수하고 신뢰와 존중 속에서 조직의 목표를 추구해야 한다. 업무를 추진할 때는 반드시 준수해야 할 법률과 행정 절차가 있다. 이러한 절차를 따르지 않는 행위에 대해서는 엄격하게 책임을 물어야 한다. 그 정도를 벗어난 일에 대해서는 단순히 '생각의 차이'로 치부해서는 안 된다.

팀장으로 근무하던 시절, 보고 체계를 무시하고 담당자 선에서 일을 임의로 처리한 건에 대해 화가 치밀어 오른 적이 있다. 알고 보니, 그 직원은 지금까지 줄곧 그런 방식으로 일을 해 왔다. 이에 대해 지적을 하자 그는 위풍당당하게 "저 그런 식이면 일 못

해요."라고 응수했다. 결재 체계를 무시하고 결재자의 결재를 받지 않은 채 담당자 맘대로 하도록 내버려 두어야 일을 하겠다는 이야기인가? 그것은 조직 내에서 담당자가 해서는 안 될 이야기라고 생각했다. 이는 조직의 기본을 무시하는 행위이며 조직 내 규율이 제대로 세워져 있지 않다는 뜻이다. 이러한 경우는 '다름'이 아니라 '잘못'이며 반드시 바로잡아야 할 문제다. 그때 일을 생각하면 지금도 얼굴이 붉어지고 머리가 후끈 달아오른다.

사람들의 생각이 각각 다름을 인정해야 한다는 말은 또 다른 차원의 이야기다. 각자 다른 개성과 경험, 환경을 지니고 있기에 그들의 생각과 가치관을 존중하자는 말에는 100% 동의한다. 사람들이 나와 같은 생각을 해야 하고 내 의견에 동의해야 한다고 여긴다면 그것은 독재자의 사고일 것이다. 그러나 옳지 않은 행동을 하는 사람의 생각과 행동까지 '다름'의 범주에 넣어서는 안 된다. 그렇게 제멋대로였던 직원이 지금은 제 버릇을 고치고 잘 지내고 있는지 여전히 궁금하다.

끼어들기와 물러서기의 기술

리더로서 역할을 수행하는 데 있어 참으로 애매할 때가 있다. 같은 팀원으로 동고동락한다는 생각으로 팀장이 늘 함께해 주는 것이 팀원들에게 힘이 될지, 아니면 팀장이 직접 나서기보다는 팀원들이 서로 상의하고 협력하며 편안하게 일할 수 있도록 한걸음 물러나 있는 것이 도움이 될지 판단이 어려울 때가 있다.

일을 맡기는 데 있어 문제가 되는 여러 유형의 리더가 있다고 한다.

첫째, 플레이어형 리더는 본래 부하 직원에게 맡겨야 할 일을 맡기지 않고 리더 본인이 직접 처리해 버리는 유형이다.

둘째, 소심 걱정형 리더는 부하 직원에게 일을 맡기기는 하지만 완전히 일임하지 못하고 수시로 참견하거나 예정에 없던 보고를 요구하는 유형이다.

셋째, 방임형 리더는 부하 직원에게 지시한 업무에 대해 필요한 지원을 제공하지 않아, 맡은 업무가 완수되지 않거나 기대에 미치지 못하게 만든다.

넷째, 속수무책형 리더는 맡긴 업무가 계획대로 진행되지 않을 경우 매번 허둥지둥하며 최악의 경우에는 문제 해결을 위해 팀 전원을 동원하기도 한다.

다섯째, 부적재 부적소형 리더는 지나치게 쉽거나 너무 어렵거나 뜬금없는 일을 부하 직원에게 맡겨 의욕을 떨어뜨리는 유형으로 가장 피해야 할 리더다.

나는 과연 어떤 유형의 리더일까? 급한 상황에서는 부하 직원이 해야 할 일임에도 기다릴 수 없어 바쁜 일을 덜어주겠다는 생각으로 직접 처리해 버리는 '플레이어형'에 가깝다. 게다가 일을 완전히 일임하지 못하고 수시로 참견하거나 궁금한 점이 생기면 바로 보고를 요구하는 '소심 걱정형'의 성향도 섞여 있다.

보고를 자주 요구하면 할수록 팀의 업무량은 자연스럽게 늘어난다. 이메일, 일일 회의, 주간 보고 등 정해진 절차에 따라 보고를 받는 것으로는 만족하지 못하고 "그건 어떻게 되었나?"라며 틈날 때마다 보고를 요구하니 부하 직원은 그에 맞춰 불필요한 일까지 하게 된다. 자아비판을 해보면 내가 그다지 바람직한 리더는 아니었던 것 같다.

　예를 들어, 다음 날 현장방문을 해야 하는데 좀처럼 그에 대한 계획이 나오지 않았던 적이 있다. 담당자가 계획을 공유하지 않자 기다리다 못해 내가 직접 보고 자료를 하나 만들어 보고해 달라고 요청했다. 동선을 체크하고 방문 기관에 전화를 직접 하라고 지시하기도 했다. 직원은 지시에 그대로 따랐지만 정작 오늘만 해도 처리해야 할 일이 10가지가 넘는다며 발을 동동 굴렀다. 나는 그가 일을 체계적으로 하지 않아 좀 더 세부계획을 세워 일할 것을 바라는 마음이었으나 결과적으로 내가 한 지시가 담당자에게 상당한 부담을 주었을 수 있다. 이런 경우는 차라리 뒤로 빠져 어떻게 하는지 두고 보는 것이 나을 것 같다. 어차피 내일 가는 것이라면 그 직원은 이미 머릿속에 일정의 순서와 흐름을 그리고 있었을 텐데 기다려주지 못하고 일을 채근했기에 본인이 하려는 일의 순서가 엉망이 되어 버렸을 수도 있다.
　리더는 자신이 담당하고 있는 업무에 그치지 않고 더 넓은 시각에서 조직의 전반적인 업무를 바라보며 변화와 개혁을 주도적으로 이끌어갈 것을 요구받는다. 현장형 플레이어로 남아 있다 보면 전체를 조망할 마음의 여유도 부족하고 조직의 전반적인 흐름을 파악하기도 어렵다. 이제는 직원들에게 맡겨야 할 일은 과감히 일임하자. 업무가 막혀 진행이 어려운 경우에는 부담을 주지 않는 선에서 가볍게 도와줄 수 있는 방법을 찾아 지원하자.

조직을 이끌어가는 데 있어 낄 때와 빠질 때를 아는 것은 매우 중요하다. 리더는 아무리 편하게 대해준다고 해도, 함께 있으면 신경이 쓰이고 불편한 존재일 수밖에 없다. 나 역시 소싯적에 정말 존경했고 부담을 주지 않던 상사와 함께 근무했을 때도, 그저 같이 있는 것만으로도 뭔가 해야 할 것 같아 부담이 되었고 행동에도 제약이 따랐던 것이 사실이다. 그렇기에 가능하다면 리더는 한 발 물러서 있는 편이 팀원들이 편하게 자신의 업무에 집중하며 기량을 마음껏 발휘할 수 있도록 도와주는 길일 것이다.

가까이 다가가려 애를 써도, 리더라는 자리는 그 자체로 무게가 있고 결국은 외로운 자리일 수밖에 없다.

문제에 맞서는 자가 역량을 키운다

삶은 문제 해결의 연속이다. 우리가 부딪히는 문제들은 대부분 우리 삶에서 처음으로 마주하는 일들이다. 처음 겪는 일은 쉽게 해결되기도 하지만 때로는 고통을 수반하고 경우에 따라 치명적일 수도 있다. 문제를 대하는 사람들의 태도에 따라 두 부류로 나눌 수 있다. 하나는 문제를 해결 가능한 과제로 보고 적극적으로 접근하는 사람, 다른 하나는 그저 손 놓고 발만 동동 구르며 걱정만 하는 사람이다. 다시 말해, 어떤 사람은 극복할 수 있는 일로 여기고 적극적이며 긍정적으로 대하지만 또 어떤 사람은 문제 앞에서 뒷걸음질치며 도망치려 한다.

문제와 정면으로 마주하고 실마리를 풀어가는 사람은 그 과정을 통해 자신의 역량이 향상되고 삶의 깊이도 더해지며 성장하게 된다.

2019년 말, 코로나19라는 감염병이 온 사회를 마비시키는 문제로 등장했다. 전 세계적으로 많은 사람들이 경제, 사회, 문화, 교육 등 모든 분야에서 변화와 함께 심각한 어려움을 겪었다.

2020년, 초 · 중등 임용시험 업무를 담당하고 있을 때 코로나 팬데믹은 고시계에 엄청난 파장을 몰고 왔다. 코로나19 확진자와 접촉한 수험생이 시험을 볼 수 있도록 격리된 추가 시험실이 필요했다. 또한 비대면 면접이 가능하도록 화상 면접 시스템을 긴급히 도입해야 했다.

시험 전날, 코로나 의심 환자가 갑자기 무더기로 발생해 밤을 새워 인력과 자원을 총동원하여 시험장을 새롭게 꾸며야 했던 일도 있었다. 이를 해결하기 위해서는 보다 촘촘한 계획과 인적 · 물적 자원의 집중적인 동원이 필요했다. 문제를 해결해 가는 과정은 길고 힘들었지만 이를 계기로 기존 업무에 위기관리 시스템이 추가되며 한 단계 진화한 고사장 운영 시스템이 만들어졌다. 그 고난은 어떤 어려움도 헤쳐 나갈 수 있는 내성을 기르는 계기가 되었다.

코로나 팬데믹이 한창이던 2019년 이후 첫 2년간, 일자리 양극화가 심화되었다는 언론 보도가 있었다. 보고서에 따르면 영화 배급업, 외식업, 여행업은 물론 전통적인 제조업과 도소매업 등도 고용 타격을 심하게 받았다고 한다. 반면 소프트웨어 개발 및 공급업, 전자부품 및 의약품 제조업 등 신산업 분야는 상대적으로 혜택을 보았다.

그 시기, 사람들이 모이는 장소였던 식당 경영자들에게 코로나 팬데믹은 직격탄이었다. 하는 수 없이 식당 문을 닫은 이들도 있었고 반대로 재빨리 배달앱을 도입해 영업 방식을 전환함으로써 더 큰 활황을 맞이한 식당도 있었다. 문제를 해결하는 방법은 정면 돌파만이 답은 아니다. 정면이 막혔다면 다른 길로 가는 것도 방법이고 더 나은 방식을 찾아 우회하는 것도 현명한 대응일 수 있다.

문제에 직면했을 때 리더십 유형에 따라 반응은 다양하다. 그 상황을 무시한 채 시간이 빨리 지나가기만을 바라는 회피형 리더, 문제를 해결하기엔 역부족이라고 여기며 미리 포기하는 리더, 문제 해결을 위해 노력은 하지만 결국 주어진 환경을 탓하며 중도에 포기하는 리더 그리고 끝까지 문제와 씨름하며 끝내 관철해내는 리더가 있다.

매일 마주하는 장애와 문제는 우리가 해결해 나가야 할 일상의 일부다. 우리는 하나하나 문제를 해결해 나가며 역사를 만들어 가고 세상의 변화에 적응해 간다. 결국 살아남는 사람은 적극적이고 능동적인 관점으로 문제에 접근하는 사람이다.

문제를 단순히 문제로만 보고 비판에 그치는 사람은 그저 불평분자일 뿐이다. 문제를 찾아내는 데서 멈추지 않고 그것을 해결의 대상으로 삼는 사람만이 변화와 발전을 이룰 수 있다. 우리가 시도하지 않고 실패해 보지 않고 다시 도전하지 않는다면 결코 문제 해결 능력을 키울 수 없다.

커피값

2월 말, 간부 송별회가 있었다. 떠나시는 분의 요청으로 저녁 만찬이 아닌 오찬으로 간단한 식사를 하게 되었다. 식사를 마치고 시간이 남아 인근 카페로 자리를 옮겼다. 각자 마실 차를 주문하고 자리에 앉았는데 한 사람이 농담처럼 말했다.

"공짜라 더 맛있네요."

평소 농담으로 분위기를 부드럽게 만들어 주는 부서장의 말에 다들 웃으며 공감했다. 그러면서 각자의 경험담이 이어졌다. 직원들과 동행해 외근을 나갔다가 식사 후 커피를 마셨는데 예상보다 비용이 많이 나와 깜짝 놀랐다는 이야기였다.

'라떼' 이야기를 하자면 과거 상사와 함께한 출장에서는 후식이나 커피는 아랫사람이 사는 것이 당연한 분위기였다. 상사와 출장을 가는 일은 그 자체로 긴장의 연속이었다. 회의 자료 준비부터 식사 장소 선정, 교통편 제공 등 신경 써야 할 일이 한두 가지가 아니었다. 식사 후 커피까지 부하직원이 챙기는 것이 일반적인 관행이었다. 회의 자료를 포함해 모든 짐도 부하직원이 들었고 상사는 빈손으로 다니는 것이 보통이었다.

나 역시 끔찍했던 장거리 출장의 기억이 아직도 생생하다. 그날따라 비까지 내렸다. 서울에서 1박 2일 일정으로 회의가 있어 짐이 많았다. 휴게소에서 식사를 하고 커피를 마시기로 했는데, 우산을 들고 뜨거운 아메리카노 두 잔을 들고 가던 중, 넘칠 듯 출렁이던 커피가 결국 내 손등에 쏟아졌다. 손등은 마치 활화산처럼 화끈거렸다. 상사의 회의 자료와 내 짐, 우산까지 두 손 가득 짐을 들고 이동하는 일은 말 그대로 고역이었다. 그날의 커피값도, 월급이 적었던 내가 부담하는 게 당연한 일이었다.

세월이 흘러 상사와 식사 후 커피를 마실 때, 상사가 가끔 사주시기도 했다. 그런 경우 눈물 나게 고마웠고 그런 상사는 존경스럽기까지 했다. 상사가 사주시는 자리에서 감히 비싼 커피를 주문하는 것은 예의가 아닌 듯했다. 쓴 커피보다 달달한 '캬라멜 마끼아또'를 마시고 싶어도 참았다. 게다가 상사가 '뜨아'를 시키는데, 내가 메뉴판 아래에 있는 비싼 커피를 주문하는 건 언감생심, 꿈도 못 꿀 일이었다. 상사가 차를 사주신다는 것만으로도 홀륭한 상사였고 그야말로 감지덕지였다.

요즘 MZ세대는 다르다. 식사 후 음료는 당연히 상사의 몫이라고 생각한다. 그들은 사야겠다는 생각조차 하지 않는다. 그들의 머릿속에는, 나보다 월급이 많은 상사가 사는 것이 당연하다는 인식이 있는 듯하다. 그리고 음료를 주문할 때 전혀 눈치를 보지 않는다. 그동안 먹고 싶었지만 못 먹어본 음료를 이제야 마셔보겠다는 듯, 거침없이 시킨다. 아니, 월급은 적어도 그들은 후식 음료에 돈을 아끼지 않고 자기 취향을 즐기는 세대라고 한다. 카페에 따라 다르지만 차 한 잔에 7~8천 원에 이르는 경우도 주저하지 않는다.

7~8명이 함께 간 자리에서 식사 후 후식을 주문했는데, 결제하고 보니 밥값과 비슷한 비용이 나와 경악한 부서장이 한둘이 아니었다. 그저 기본 '아메리카노'를 주문하는 후배가 예뻐 보인다고 농담 삼아 이야기하며 웃었다.

서로 "요즘 젊은이들은 상사가 살 때 전혀 눈치 보지 않고 우리는 듣도 보도 못한 그들이 먹고 싶은 음료를 거침없이 고른다"고 50대 부서장들끼리 세대 차이를 이야기하며 껄껄 웃었다.

독일의 미술사학자 핀터는 '동시대의 비동시성'이라는 용어를 사용했다. 이 표현은 지금 우리 시대에 딱 들어맞는다. 우리는 동일한 시대, 동일한 공간에서 살아가고 있지만 세대 간의 경험과 사고방식은 서로 다르다. 이렇게 다양한 세대 차이를 인정하는 것은 세대 간의 간극을 좁히고 화합의 가능성을 높이는 일이다.

그들과 좀 더 깊은 대화를 나눠보고 싶다. 그들은 어떤 생각으로 우리와 공존하고 있을까?

물복 딱복

"안녕하세요? Good morning!"

출근하면서 밝은 표정으로 직원들과 인사를 나눈다. 아침에 출근하고 나면 가볍게 티타임을 가지며 그날의 일정도 협의하고 사적인 이야기도 나눈다. 때로는 집에서 농사지었다며 옥수수를 쪄오기도 하고 감자를 삶아 가져오기도 한다. 그런 간식은 아침을 부실하게 먹었거나 거른 사람들에게 요깃거리가 되어 좋다.

먹거리는 사람들을 모이게 하고 화기애애한 분위기를 만드는 마법을 부린다. 딱딱한 분위기에서 수첩을 펼쳐놓고 테이블에서 회의를 할 때보다, 개인적인 이야기를 곁들여 자연스럽게 각자의 생각을 자유롭게 나눌 수 있어 더 좋다.

그곳에서는 나이가 많든, 지위가 높든 크게 중요하지 않은 시간과 공간이 된다. 정이 넘치는 사무실이다.

어느 날, 테이블 위에 검정 비닐봉지 하나가 놓여 있었다. 그 속에는 대여섯 살 아가의 발그레 달아오른 볼처럼 예쁘게 물든 복숭아가 탐스럽게 고개를 내밀고 있었다. 복숭아를 가져온 남성 직원은 누군가 그것을 깨끗이 씻어 직원들이 먹을 수 있게 해주기를 기다리는 듯했다.

직원들을 위해 가져온 것까지는 좋았지만 문제는 그것을 씻어 먹기 좋게 준비할 누군가의 손이 필요하다는 점이었다. 다들 서로 눈치만 보고 있었다. 그러자 미화 담당 여사님께서 복숭아를 깨끗이 닦아 과도를 들고 오셨다. 여직원들이 여럿 있었지만 마치 자기 일이 아니라는 듯 아무도 거들떠보지 않았다.

전날 대화 중 '물복딱복' 이야기를 나눴던 것이 생각났다. 물복은 물복숭아, 딱복은 딱딱한 복숭아를 뜻한다고 했다. 한 여직원이 자신은 물복을 좋아한다고 말했었고 다음 날 정말로 물복숭아가 등장한 것이다.

과도를 대자마자 복숭아에서는 물이 줄줄 흘러내렸다. 향은 좋았지만 깎기는 수월하지 않았다.

"그렇게 좋아한다던 복숭아잖아요, 얼른 와서 한번 깎아 봐요!" 하고 말을 건넸더니, "저는 그런 건 못 해요!" 하며 깎아놓은 복숭아 한 조각을 집어 든다. 보다 못해 결국 내가 나서서 복숭아를 깎아 접시에 담아 주었다.

남성과 여성의 일을 구분하지 않는 시대라지만 여전히 먹거리를 준비하는 일은 여성이 해야 한다고 여겨지고 손이 많이 가는 과일이나 음식은 반기지 않는 요즘 세대의 모습을 그대로 보여주는 장면이었다.

어른이나 상사가 그런 일을 하고 있으면 "제가 할게요." 하고 거드는 시늉이라도 하는 것이 인지상정인데, 요즘 젊은 직원들은 아랑곳하지 않는다. 속으로는 미안한 마음이 있는지조차 사실 알 수 없다. 같이 와서 먹자고 권해도 함께 자리에 앉으려 하지 않는다. 좋아하지 않는 음식이면 "좋아하지 않아요."라고 당당히 말한다. 나이가 더 든 사람들이 보기에는 '같이 앉아 먹는 것조차 싫은가?' 하는 섭섭한 마음이 들 때도 있다.

사무실에서 간식으로 매운 떡볶이를 시켜 놓았는데 함께 온 단무지를 뜯으려는 사람이 아무도 없다. 고깃집에서 MZ세대 직원들과 회식을 하다 보면 그들은 고기를 구울 줄도 모르고 뒤집을 생각조차 하지 않고 그냥 바라만 보고 있다. 상사는 '내가 윗사람인데 이 나이에 고기를 굽는다고?' 하는 생각에 타는 고기를 바라보며 손을 대지 않는다.

물론 이는 다소 극단적인 회식 장면을 풍자한 패러디지만 한편으로는 요즘 현실을 너무 잘 묘사하고 있어 "맞다!" 하며 박장대소한 적이 있다.

요즘은 기관의 친목회조차 점점 사라져 간다고 한다. 회식이 더 이상 직원들과의 화합이나 소통에 도움이 되지 않는다는 인식 변화가 생긴 것이다.

많은 이들은 회식을 업무의 연장선으로 여기고 퇴근 후에는 자신의 개인 시간을 침해받고 싶지 않아 한다. 직원들 역시 상사와 식사를 해야 할 필요성을 느끼지 못하며, 심지어 인사이동 시 기관장과의 식사 제안을 거절하기도 한다. 불편한 상사와 식사하는 것 자체가 마음 편치 않다는 것이다.

기원전 1700년경 수메르 점토판에도 "요즘 젊은 것들은 버릇이 없다"는 글이 남아 있었고 소크라테스 또한 "요즘 아이들은 버릇이 없다"고 한 바 있다. 언제나 기성세대는 젊은 세대가 못마땅했던 것이다. 그래도 상사가 허드렛일을 하고 있을 때, "제가 할게요!" 한마디 건네는 젊은 직원이 있다면 얼마나 고맙고 예쁠까? 물론 다 그런 것은 아니다.

3만원짜리 효율 수박

　직장에서 MZ세대와의 세대 공감이 잘 이루어지지 않아 선배와 후배 간의 소통이 원활하지 않은 경우가 많다. 선배들은 "요즘 것들 버릇이 없다"며 혀를 차고 한탄하고 후배들은 "라떼는 말이야"라며 과거 경험을 일방적으로 전하려는 '꼰대' 상사들에게 고개를 내젓는다.

　현재 직장에서 발생하는 수많은 갈등이 단순히 세대 차이에서 비롯된 것으로 보이기도 하지만 조금 더 넓게 보면 '융통성의 세대'와 '규칙의 세대'가 충돌하고 있는 모습이기도 하다. 임홍택 저자의 『2000년생이 온다』에서는 2000년대 생의 세계가 오히려 '규칙의 세상'에 가깝다고 분석한다.

　현재는 2000년대생과 함께 일하고 있지는 않다. 하지만 사무실에서 근무하는 20~30대 직원들 역시, '규칙'을 자신만의 상식을 기준으로 바꾸려는 행동에 대해서는 반감을 드러낸다.

그들이 말하는 '규칙'에는 근무 시간과 출퇴근 시간도 포함된다. 직장인이 하루 8시간 근무를 하도록 되어 있다면 오전 9시부터 오후 6시까지 근무하고 9시 정각에 출근하고 6시 정각에 퇴근하는 것이 왜 문제가 되느냐는 주제가 나온 적이 있다. 특별한 사안이 없으면 우리 기관도 대부분 9시가 다 되어 출근하는 분위기다. 출근해 보면 상사들이 먼저 나와 있고 후배들은 거의 9시가 다 되어야 모습을 드러낸다. 그런데 퇴근 시간에는 상사가 아직 자리에 있어도 6시 정각이면 뒤도 돌아보지 않고 사무실을 나간다. 그것이 그들이 말하는 '규칙의 세상'이다. 정해진 시간에 출근하고 정해진 시간에 퇴근하는데 도대체 무엇이 문제냐고 그들은 되묻는다.

기성세대 중 일부는 근무 시작 시간인 오전 9시보다 최소한 10분이라도 일찍 출근해, 서랍을 열고 컴퓨터를 켜고 차 한잔을 마시는 등 근무 준비 시간이 필요하다고 말한다. 9시부터는 곧바로 업무를 시작할 수 있어야 한다는 논리다. 퇴근 시간 역시 오후 6시까지는 업무를 지속해야 하며 그 후에 정리하고 퇴근하는 것이 옳다고 주장한다. 이러한 이슈에 대한 논의는 계속되고 있지만 명확한 기준이 정해진 것은 아니다. 컴퓨터를 끄는 시간이 6시여야 하는지, 사무실을 나서는 시간이 6시여야 하는지, 아니면 기관 출입문을 통과하는 시간이 6시여야 하는지 등은 여전히 설왕설래 중이다. 특별한 사안이 없다면 오전 9시에 출근해 오후 6시 정각에 사무실을 나가도 문제될 것은 없다고 본다. 상사가 퇴근할 때까지 기다리라고 요구하지 않는다.

사무실에서 MZ세대와의 원활한 소통을 위해 학습동아리를 만든 적이 있다. 책을 한 권 선정해 함께 읽고 한 달에 한 번씩 선배와 후배가 모여 대화와 토론의 시간을 갖는 것이다. 세대간 의견 차이를 좁히고 서로를 이해하고 공감함으로써 효율적이고 즐거운 직장 분위기를 만들기 위한 목적이다. 매월 정해진 챕터를 읽고 각자의 생각을 나누며 대화하고 토론하는 시간이 흥미롭다.

좀 더 부드러운 분위기를 만들기 위해서는 먹거리가 필요하다. 이번 달에는 참여 인원이 적어 수박 한 통이면 참여하지 않는 사람들과도 나눠 먹을 수 있을 것 같았다. 수박은 적은 비용으로 많은 사람이 함께 먹을 수 있는 가장 효율적인 메뉴다. 돈은 없고 먹을 사람은 많을 때 수박 화채를 만들어 얼음을 동동 띄워 먹으면 시원하고 맛도 좋아 '효율의 끝판왕' 간식이었다.

우리 사무실 막내에게 수박을 사오라고 출장 명령을 내렸다. 관내출장여비 1만 원, 과일값 3만 5천 원을 품의했다. 수박은 현재 시세로 2만 5천 원이면 살 수 있으니 자두라도 좀 더 살 수 있는 금액이다.

토론 시간이 되어 모두 함께 모였다. 막내가 수박을 먹기 좋게 잘라 내오느라 고생했겠거니 생각하며 간식이 함께 나오기를 기다리고 있었다. 그런데 여직원이 부스럭거리며 비닐봉지 하나를 들고 나타났다. 테이블 위에 꺼내 놓은 것은 플라스틱 과일 상자 3개. 작은 과일 상자 안에는 빨갛게 속살을 드러낸 수박이 가지런히 담겨 있었다. 손을 댈 필요 없이 포크로 집어 먹기만 하면 되는 것이다. 한 개에 만 원, 세 개면 3만 원이다.

배시시 웃으며 "과일 껍질 처리도 어렵고 해서 집에서도 이렇게 사 먹어요."라고 말하는 여직원의 얼굴을 멀뚱히 바라보며 나는 "그러면 참 쉽고 음식물 쓰레기도 없어서 좋겠네."라고 말했다.

융통성 있게 적은 돈으로 많은 사람이 누릴 수 있으리란 기대는 무너졌다. 한도 금액 내에서 목표물을 정확히 사 왔으니 틀린 것은 아무것도 없다. 거기에 효율성까지 더했으니 고급 인력을 제대로 활용한 것처럼 보이기도 한다.

하지만 사무실에 남아 있는 사람들에게 수박 구경도 시켜주지 못하고 참석한 몇 명만 수박을 먹게 된 것이 마음에 걸렸다.

3만 원짜리 '효율 수박'은 MZ세대와의 세대공감을 위한 자리에서, 서로 다른 차원의 생각을 가진 선배와 후배의 동상이몽이었다. 조금 비싸더라도 내가 수고하지 않고 편하게 먹을 수 있는 것을 선택하는 세대. 그런 그들에게 과일을 직접 깎으라고 어떻게 요구할 수 있을까?

성숙하는 리더, 가르치며 전수하다

누군가를 훈련시킬 때 효과적인 5단계 방법이 있다. 이 5단계는 존 맥스웰의 『인재 경영의 법칙』에서 차용한 것이다. 우리가 자전거를 배울 때 거치는 과정도 이와 유사하며 업무를 익히고 전수받는 과정 역시 이와 같은 단계를 거친다.

1단계, 자전거를 배울 때 먼저 시범을 보이며 자전거 타는 방법을 설명한다. 배우는 사람은 옆에서 보조 역할을 한다. 자전거가 어떻게 굴러가는지, 어떻게 하면 넘어지지 않는지를 설명한다.

업무를 처음 대할 때도 마찬가지다. 업무 처리 과정을 처음부터 끝까지 보며 배운다. 정확한 업무 처리 과정을 살펴보며 배우는 사람은 그대로 따라 하며 익힌다.

2단계, 내가 멘토가 되고 배우는 사람은 보조자가 된다. 이제 배우는 사람이 자전거에 올라타고 넘어질 듯하면 멘토가 잡아주며 안정될 때까지 계속 붙잡아 준다. 그렇게 몇 번 넘어져 가며 배우다 보면 혼자서도 잘할 수 있다는 자신감이 생긴다. 그러면 다시 한번 도전해 볼 것을 권한다. 초보자는 떨리는 마음으로 자전거에 다시 올라탄다. 가르치는 사람은 "뒤에서 잡아줄 테니 걱정 말고 타 봐요."라고 말하며 안심시킨다.

3단계, 내가 감독자가 된다. 배우는 사람이 직접 업무를 수행하고 나는 옆에서 지도하며 잘못된 부분이 있으면 수정해 준다. 배우는 사람은 두려운 마음을 누르고 페달을 밟는다. 감독은 잡아주는 척하면서 슬쩍 손을 놓는다. 그러다 보면 저 멀리 혼자 달려가는 훈련생을 발견하게 된다.

4단계, 동기부여의 단계다. "너는 이제 자전거에서 떨어지지 않고 혼자서 잘 타고 있다"는 사실을 스스로 확인하게 해주고 계속해서 격려해 주는 것이다. 결국 누구의 도움 없이도 자전거를 자유롭게 탈 수 있게 된다.

5단계, 이제 나를 대신하게 한다. 새로운 리더가 맡은 일을 잘 해내게 되면 그가 다른 사람을 가르칠 차례다. 자전거를 자유자재로 탈 수 있는 사람은 친구나 동료, 혹은 다음 세대 자녀에게 자전거 타는 법을 전수한다.

시간이 흐르며 각 단계를 거치면서 사람은 점점 성숙해지고 자연스럽게 그 조직의 리더로 거듭나게 된다. 배우는 단계에서 가르치는 단계로 전환되는 것이다. 무언가를 배우는 데 있어 가장 효과적인 방법은 그것을 가르치는 것이다. 그렇게 가르치며 숙달된 새로운 리더가 탄생하고 그 리더는 다시 다음 세대에게 그 일을 전수하게 된다.

모든 것은 마음먹기에 달려 있다

모든 것은 마음먹기에 달려 있다. 비 오는 날, 어떤 이에게는 커피향이 그리워지는 로맨틱한 날씨로 느껴지고 어떤 사람에게는 꿉꿉하고 습해서 기분 나쁜 날씨로 느껴진다. 이는 나의 내면에서 일어나는 화학적 반응이 표면으로 드러나는 순간이다. 그 내면을 통제하기란 쉽지 않지만 불가능한 일도 아니다. 결국 내면에서 일어나는 일들이 나를 성공으로 이끌기도 하고 실패로 몰아넣기도 한다.

지금 내가 안고 있는 문제를 감내하기 어려운 혹독한 시련으로 받아들여 그대로 매몰될 것인지, 아니면 발전의 기회로 삼아 다시 튀어 오를 계기로 만들 것인지는 내가 마음을 어떻게 먹느냐에 달려 있다.

어려운 일을 겪어 본 사람은 그만큼 내성이 생겨 웬만한 일에는 끄떡도 하지 않는다. 큰 고난이나 고통을 경험한 사람은 쉽게 포기하거나 물러서지도 않는다. 그저 '겪어야 할 일'이자 '극복해야 할 일'이라 여기며 마음을 다잡는다. 반면 온실 속에서 귀하게 자라온 젊은이들 중에는, 어려움이 닥치면 그대로 좌절하거나 견디지 못해 극단적인 선택을 하는 사례도 종종 들려온다. 누구에게나 자신만의 크고 작은 어려움은 존재한다. 하지만 그것을 극복하느냐, 아니면 그 속에 매몰되느냐는 오롯이 내 안의 '마음'에서 비롯된다.

언젠가 노르웨이 사람들의 강인함, 용기, 회복력에 대한 기사를 읽은 적이 있다. 역사상 가장 강인한 탐험가들 중 상당수가 노르웨이 출신이라고 한다. 그들에게 혹독한 기후나 열악한 환경은 그리 큰 문제가 되지 않는다. 그런 것들은 언제나 견뎌내는 것으로 받아들인다.

북극권 경계에 자리 잡은 노르웨이는 야외 활동 마니아들의 나라이다. 노르웨이 속담인 "나쁜 날씨란 없다. 단지 옷을 잘못 입었을 뿐이다."는 그들의 태도를 단적으로 보여준다.

만약 지금 우리가 조직 안에서 악천후를 겪고 있다면 우리는 '어떤 옷으로 갈아입을 것인가'를 고민해 보면 된다.

피부를 위해 에어컨은 노노

직원들과 함께 출장을 가거나 식사를 하러 나갈 때는 대부분 하급 직원이 운전을 한다. 상급자가 운전하는 경우도 가끔 있지만 드문 편이다. 사실 그래야 한다는 규정은 없지만 선배에 대한 배려이자 관행처럼 여겨진다.

어느 날, 나이 차이가 20년 정도 나는 저연차 직원의 차를 얻어 탄 적이 있다. 그는 운전이 서툴고 차가 너무 작다며 부끄러워하고 선배를 모시는 것을 어려워했다. 그 모습을 보며 차라리 내가 태우고 올 걸 하는 생각이 들기도 했다. 하지만 내가 운전했더라도 그 후배는 여전히 좌불안석이었을 것이다. 그런 조심스러움은 개인의 성격 탓일 수도 있다. 그동안은 대체로 그렇게 조심스러워하는 후배들과 동행해 왔다.

6월인데도 무더위가 기승을 부리던 어느 날, 7월 1일자 인사발령에 따라 송별 오찬을 위해 직원들과 외출했다. 송별회는 보통 저녁에 여유 있게 식사하며 석별의 정을 나누는 것이 상례지만 요즘은 음주 문화도 줄어들었고 점심은 어차피 사 먹어야 하니 한 끼를 해결할 겸 점심시간을 활용하기로 했다. 퇴근 후 개인 시간을 가질 수 있다는 점에서도 합리적인 선택이었다. 그날도 후배의 차를 얻어 탔고 부서 직원들은 몇 대의 차량에 나누어 타고 이동했다.

때 이른 더위로 6월인데도 무더위가 기승을 부렸다. 게다가 밀폐된 자동차 안은 30도를 훌쩍 넘기고 있었다. 5명이 꽉 차게 앉아 가는 상황에서 후배 직원은 에어컨을 켜지 않은 채 운전했다. 창문을 열어 환기를 시키며 한참을 달렸지만 에어컨을 켤 생각은 없어 보였다. 앞좌석에서는 라디오에서 음악이 시끄럽게 흘러나와 대화의 창을 닫게 만들었다. 나 역시 에어컨을 그리 좋아하는 편은 아니지만 밀폐된 공간에서 높아진 온도는 견디기 어려워 결국 에어컨을 켜 달라고 요청했다. 그러자 그 직원은 이렇게 말했다. "저는 여름에도 운전할 때 에어컨을 안 틀어요. 직접 에어컨 바람을 쐬는 건 피부에 안 좋거든요. 더우면 창문 열면 돼요." 부서장이 부탁하는데 돌아오는 대답이 이렇다니, 속으로 '운전하기 싫은데 억지로 맡게 돼 기분이 나쁜 건가?' 하는 생각이 들었다.

조용한 영향력

게다가 과속 질주를 하는 운전 실력에 어질어질하여 "속도를 줄여주면 안 될까? 나 빨리 저세상으로 가고 싶지 않은데?" 하며 농담 섞인 어조로 말했지만 돌아오는 대답은 "저 이 정도 속도는 빠른 게 아닌데요? 저는 항상 이 정도 속도로 운전해요. 12시까지 도착해야 해요." 였다. 그 자리에서 차를 세우라고 하고 싶었다. 그동안 아무리 친근감 있게 대하는 후배라도 이렇게 당돌하게 말하는 사람을 본 적이 없어 당황스러웠다. 더구나 직속 상사가 이야기하는데도 아랑곳하지 않는 태도에 놀랐다. 조금 정색하며 "나랑 잘 지내고 싶지 않은가 보지?" 해도 태도는 전혀 바뀌지 않았다. 그 순간 더는 할 말을 잃고 입을 닫은 채 조용히 약속된 장소에 도착했다. 사실 쿨렁거리는 차를 타서인지 식사 중에도 멀미가 나 속이 울렁거렸다. 몸도 마음도 상해, 이래저래 속이 뒤집혀 더 힘들게 느껴졌는지도 모른다.

이런 직원의 말씨나 태도를 어떻게 해석해야 할까? 단순히 개인적인 성향이라고 봐야 할지, 세대 차이라고 봐야 할지 모르겠다. 상사에 대한 배려나 조심성이 전혀 느껴지지 않는 태도였다. 아무리 가까운 관계라 해도 격의 없음을 '이물 없음'으로 이해하고 넘어가기는 쉽지 않았다. 그 어느 조직보다 수직적이고 계층적인 문화를 가졌던 우리 조직이 이제 수평적 문화로 바뀌고 있다는 긍정적인 신호라고 애써 해석해 본다.

이 상황을 글로벌 조직문화의 관점에서 생각해 본다. 외국에서는 상사든 하급 직원이든 서로 이름을 부르며 수평적인 관계를 유지하고 자신의 감정을 솔직하게 표현하는 것이 미덕으로 여겨진다. 자신의 차를 얻어 타는 사람이 상급자라 하더라도 이래라 저래라 하는 것은 오히려 무례하게 받아들여질 수 있다. 반드시 하급자가 운전을 해야 한다는 법도 없다. 상황에 따라 상급자가 운전할 수도 있다. 게다가 이는 업무적 권한과 책임이 따르는 일이 아니라 사무실 밖에서 일어난 비교적 사적인 일이다. 나름대로 이런 상황을 이해하고 받아들이기 위해 글로벌 조직문화를 떠올리며 스스로를 설득해 본다. 그리고 동시에 나의 행동은 어땠는지 돌아보며 반성도 해 본다.

해외의 조직문화가 항상 바람직한 것은 아니다. K-Culture가 전 세계로 급속도로 퍼져나가고 있다. 세계 각국의 사람들은 우리의 대중음악, 국악, 드라마, 영화, 문학, 음식 등 다양한 문화에 큰 관심을 기울이며 열광하고 있다.

전통적으로 우리 사회가 지켜온 웃어른을 존중하고 예의를 중시하는 문화 또한 세계에 수출할 만한 훌륭한 문화라고 생각한다. 후배의 언행을 애써 이해해 보려 하지만 업무와 무관한 상황이라 해도 서로를 존중하고 배려하는 조직문화는 동서양을 막론하고 누구에게나 환영받는 문화가 아닐까?

말하는 사람의 언어와
듣는 사람의 언어

우리는 하루종일 말을 하며 지낸다. 말하는 언어를 통해 공감하고 소통이 잘 이루어지면 서로를 더 가깝게 느끼기도 하지만 때로는 오해를 불러일으켜 갈등 상황에 놓이게 되기도 한다.

문화 인류학자인 에드워드 홀(Edward T. Hall)은 자신의 저서 『문화를 넘어서』에서 고맥락 문화(High Context Culture)와 저맥락 문화(Low Context Culture)라는 개념을 제시하며 문화에 따라 소통방식에 차이가 있음을 설명한다. 고맥락 문화란 주로 의견을 직접적으로 표현하지 않는 소통 방식을 말하며 이러한 문화는 대개 동양권에서 나타난다고 한다. 반면 저맥락 문화는 돌려 말하지 않고 직설적으로 이야기하는 방식으로, 주로 서양권에서 나타난다고 설명한다. 그러나 이러한 소통 방식의 차이는 단지 동양과 서양의 문화 차이에만 국한되지 않는다. 같은 사무실 안에서 근무하는 직원들 사이에서도, 맥락의 차이에 따라 의사소통의 오류가 쉽게 발생하는 것을 관찰할 수 있다.

고맥락 언어는 추상적이고 감성적이다. 겸손한 태도를 보이며, 본심을 감추고 대화 속에 은유를 담는다. 때로는 언뜻 들어서는 무슨 말인지 쉽게 이해되지 않을 때도 있다. 맥락을 통해 유추할 수 있는 정보가 있기 때문에, 충분한 배경지식이 있거나 상황을 정확히 파악하고 있어야 이해할 수 있다.

반면 저맥락 언어는 논리적이고 이성적인 소통 방식이다. 직접적인 단어를 사용하고 단도직입적인 정보로 간결하게 소통하기 때문에 상대적으로 이해하기 쉽다. 하지만 맥락을 활용해 빠르게 소통할 수 있는 고맥락 언어와 달리 구체적인 내용을 일일이 설명해야만 원활한 소통이 가능하다.

직장에서 나이가 지긋한 상사는 주로 고맥락 언어를 사용하고 MZ세대들은 직접적이고 직설적인 저맥락 언어를 사용한다고 한다. 가만히 생각해 보면 그런 이유로 서로 간의 의사소통이 잘되지 않는 것이 아닐까 싶다. 말하는 사람의 언어와 듣는 사람의 언어가 다르니, 쌍방이 모든 것을 완전히 이해하는 것 자체가 어쩌면 모순일 수 있다.

상사는 "개떡같이 말해도 찰떡같이 알아들어라."고 주문하고 듣는 직원은 "업무 지시는 명확하게 해달라"고 아우성이다. 세대별로 살아온 시대적 배경이 다르기에 유추할 수 있는 맥락 또한 다르다는 사실을 이제서야 깨닫는다.

업무 지시를 해 놓고 아무리 기다려도 보고하지 않는 직원을 향해 겉으로는 말하지 못하고 속으로 원망한 적이 있다. 사실은 내가 그들의 언어로 정확하게 업무 지시를 하지 않았고 결과물 제출 기한도 명확히 하지 않은 나의 잘못이었다. 그럼에도 나는 중간 보고를 해 주지 않은 직원을 탓하고 있었다. 내가 먼저 물어볼 수도 있었는데 말이다. 아마 직원들은 "궁금하면 물어보고 먼저 알려주지 왜 기다리고만 있느냐"고 할지도 모르겠다. 디지털 사고방식을 가진 AI 세대 직원들은 개떡같이 말하면 그대로 개떡으로 이해한다. '척' 하면 '착' 하고 알아듣고 일 처리하지 않는다. 시대가 바뀌면 그에 맞게 변화하는 것이 세상의 이치다.

고맥락 문화에 익숙한 상사들이여! 원활한 소통을 위해 이제는 저맥락 문화로 갈아탈 때가 아닐까요?

MZ 세대의 회식에 대한 오해

설 명절은 온 가족이 모두 모일 수 있는 소중한 기회다. 80대 어르신부터 10대 조카까지 다양한 세대가 오랜만에 한자리에 모여 그동안 있었던 일들을 나누며 이야기꽃을 피운다. 할아버지 할머니 건강은 어떤지, 아이들은 학교를 잘 다니고 있는지, 대학 입학은 잘 했는지, 군대 간 조카는 군 복무를 잘 하고 있는지, 취업은 했는지, 남자친구나 여자친구는 생겼는지, 사업은 잘 되고 있는지 등등 할 이야기가 참 많다.

이야기꽃은 제각각의 향기를 품어 모두를 기분 좋게 하지만 나에게는 직장생활을 시작한 지 얼마 안 된 MZ 세대 조카의 이야기가 가장 향기롭고 재미있다. 그 아이의 이야기를 듣고 있으면 요즘 20대 직장인이 어떤 태도를 갖고 있는지, 상사를 어떻게 바라보는지, 일을 할 때 어떤 생각을 하는지를 엿볼 수 있다. 종알종 알 말하는 그 조카의 입을 통해 우리 사무실의 젊은 직원들이 어떤 생각을 하고 있는지, 그들의 행동이 어떤 의미인지 자연스레 유추할 수 있다.

이제는 내가 아무리 벽을 허물고 가까이 다가가 말을 붙여 보려 해도 직원들에게 나는 그저 직장 상사이고 결재를 받아야 하는 인물일 뿐이다. 자연스레 조심하고 경계하는 대상이 된 것 같다. 자리가 주는 부담감이 있는 듯하다.

하긴, 나도 마찬가지다. 기관장님이 안 계시는 날이면 괜스레 마음이 가벼워진다. 할 일을 안 하는 것도 아니고 특별히 무언가를 시키는 것도 아닌데도 말이다. 오죽했으면 그런 날을 '광복절' 이라고 했을까. 우리 조카네 사무실에서는 '무두절' 이라고 부른단다. 우두머리가 없는 날이라는 뜻이다. 그런 그들에게 '직원 간 단합' 과 '소통을 위한 회식' 이라는 게 과연 숨통을 틔우고 스트레스를 날리는 돌파구가 되어 줄 수 있을까?

매일 자기계발을 위한 시간표가 이미 짜여 있어서 그 소중한 시간을 깨고 들어오는 회식은 반갑지가 않다. 우리 조카는 새벽이면 수영을 하고 저녁에는 야근이 없는 날엔 요가나 폴댄싱 등 또 다른 배울 거리를 만들어 하루를 꽉 채우며 산다. 평일에 집에서 밥을 먹는 일은 거의 없다고 했다.

그런데 그 조카가 과 총무를 맡고 있어 때로는 회식 장소를 섭외해야 하고 분위기를 띄우는 역할도 도맡아 한다고 한다. 그럼에도 회식을 좋아한단다. 직원들 간에 친밀감이 잘 형성되어 있어서 회식 자리에서도 즐겁게 이야기 나누고 수다를 떨 수 있기 때문이란다. MZ세대들의 수다를 귀엽게 봐주고 풀어주는 과장님이 있어서 그 분위기가 참 좋다고 했다.

물론 2차는 없다. 하지만 또래 친구들끼리 따로 2차를 가는 건 괜찮다고 한다. 그러니까 상사는 눈치껏 빠져주는 것이 예의다. 또래 친구들 역시 무조건 회식을 싫어하는 것은 아니란다. 미리 예고된 회식 그리고 부서 직원들간의 래포가 형성되어 있다면 오히려 회식은 즐거운 이벤트가 될 수 있다고 한다. 결국, 모든 MZ세대가 회식을 싫어한다고 일반화하는 것은 오류다. 그 부서의 분위기가 어떠한지, 부서장이 어떤 공기를 만들어 주느냐에 따라 회식은 환호가 터질 수도 있고 푸념이 나올 수도 있는 것이다.

아산에서 재무과장으로 근무하던 시절, 소통의 날 행사는 언제나 즐거웠고 추억에 오래도록 남는 행사였다. 이것 역시 나만의 착각인지도 모른다. 하지만 우리 부서에서의 행사는 팀장이 주가 되어 기획하고 준비했다. 순간순간 깨알 같은 재미를 더하기 위해 모든 것은 민주적으로 직원들이 선택하고 모든 직원들이 함께 하도록 만들었다. 날씨가 좋으면 좋은 대로 좋았고 비가 왔어도 즐거운 추억으로 남을 수 있었다.

솔선하는 중견 간부가 있어야 했고 모든 직원들이 함께 참여하려는 의지도 있어야 했다. 그것은 이미 형성된 친밀감에서 비롯된다. 관계 자체가 서걱거리는 부서에서는 회식이라는 말만 나와도 "업무의 연장인데 그걸 왜 해야 하는지 모르겠다"고 생각하며 마지못해 따라나설 것이다.

직원들로 하여금 회식 날이 기대되게 해보자. 기대되는 회식이 되려면 직원 간의 래포 형성이 우선이다.

팀워크의 시작은 유대감에서

유대감이란 무엇인가? 국어사전에 의하면 '서로 밀접하게 연결되어 있는 공통된 느낌'을 말한다. 유대감이 형성되기 전에는 모든 일을 터놓고 이야기하기가 어렵다. 서로 간에 공통된 느낌을 갖는 공감대가 형성되지 않으면 거리감이 느껴진다. 게다가 그 관계가 상하관계일 경우 부하 직원은 그저 내 생각과는 무관하게 지시에 따르기만 하면 가장 무난하다고 생각한다. 발전된 생각을 할 수 없으며 의견을 허심탄회하게 이야기하는 것조차 어렵게 된다. 대화를 어렵게 만든다는 것은 서로의 속내를 읽을 수 없어 불신이 만들어지게 한다. 그 불신은 새로운 저항을 만들어 그 관계가 팽팽하게 대립될 수 있다.

모든 사람이 공동의 목표를 가지고 서로 연결되어 있을 때, 그 조직은 속된 말로 분위기가 좋다고 말한다. 각자 개개인의 업무에만 집중하고 다른 사람들과 연결되지 않은 채 따로따로 독립되어 있다면 같은 조직 내에 있다는 공동체 의식을 느끼기 어렵다. 서로 연결되어 협의하고 토론하며 내 것, 네 것을 따지지 않고 머리를 마주 대고 고민할 때 한배를 탔다는 공동체 의식, 즉 유대감을 느끼게 된다. 유대감을 느끼게 되면 내 것, 네 것을 가리지 않고 어떤 사안이 발생했을 때 팔 걷고 달려들어 도울 수 있는 자세가 된다. 그 유대감이 없다면 남의 일에는 전혀 관심을 보이지 않는다.

유대감이 형성된 조직 내에서는 동료가 도움을 요청할 때, 아무런 오해 없이 그 상황을 이해하고 도와주려고 한다. 하지만 유대감보다는 적대감이 있는 사람이 무슨 이야기를 하면 긍정적인 생각보다는 반항하고 싶은 마음이 먼저 일어나는 것이다.

같은 조직 내에서 유난히 코드가 잘 맞아 유대감이 잘 형성되는 사람이 있는가 하면 어떤 이는 하는 것마다 못마땅하고 관계에 상처를 내는 이야기를 해서 마음속에 유대감보다는 적대감이 일어나게 만들기도 한다. 이런 경우, 일의 추진이 어려워진다. 그런 사람을 잘 살피자. 유대감 형성이 필요한 팀원인 것이다. 유대감이 형성되지 않았을 때 리더가 아무리 원대한 목표에 대해 힘

주어 말하고 동참해 주기를 바란들 그 직원은 미동도 하지 않는다. 그 사람이 내 사람이 되어 유대감이 형성되었을 때, 어떤 어려운 일을 맡겨도 죽을힘을 다해 충성을 다한다. 그 사람을 발굴해 내자. 시간과 공을 들여 유대감부터 형성해 보자. 그 길이 팀을 성공적으로 이끄는 길이다.

어느 조직에나 일명 '괴물'이 꼭 하나씩은 있다고 한다. 괜히 주는 것도 없이 얄밉고 자기중심적이고 너무 이기적이어서 타인들로부터 사랑을 받지 못하는 사람이 있다. 모든 구성원들이 코드가 잘 맞아 불협화음 없이 잘 지내고 있고 만약 그런 사람이 한 명도 없다면 그 사람이 바로 나 자신일 수도 있다. 그것이 조직 생활 속에 존재하는 '괴물 보존의 법칙'이다. 이 법칙의 특징은 어느 직장에나 일정량의 괴물이 존재한다는 것이다. 그래서 그 괴물을 피하려고 아무리 회사나 부서를 옮겨도, 다른 괴물을 만난다고 한다. 옮긴 부서에서 만난 괴물이 조금 덜하다면 그런 종류의 괴물이 여럿이다. 만약 직장 생활을 하고 있는데 내 주변에는 괴물이 한 명도 없다고 생각된다면 당신이 그 괴물일 확률이 높다. '내가 괴물이 아닌가?' 가슴에 손을 얹고 생각해 보자.

포커페이스

공무원은 '포커페이스'를 가져야 한다고들 말한다. 네이버 국어사전을 찾아보면 포커페이스란 '속마음을 드러내지 않고 무표정하게 있는 얼굴, 즉 포커 게임에서 카드의 좋고 나쁨을 상대에게 들키지 않도록 표정을 감추는 데서 유래한 말'이라고 나와 있다. 이 말은 곧 공무원은 얼굴에 감정을 드러내지 말아야 한다는 뜻으로 해석된다. 다시 말해, 공무원은 감정을 자제하고 이성적으로 행동해야 하며 감정을 겉으로 표현하는 것은 금기시된다는 의미다.

민원인을 대할 때 느껴지는 화, 분노, 연민 같은 감정도 겉으로 드러내지 않고 법과 원칙에 따라 공정하고 이성적으로 사안을 처리하라는 뜻일 것이다.

하지만 인간은 감정이 앞서는 존재다. 누구나 감정을 가지고 있으며 감정이 먼저 작동하는 것이 자연스럽다. 예를 들어, 누군가를 처음 만났을 때 그 사람과 사귈지 말지를 결정하는 것도 이성이 아니라 감정이다. 마음이 먼저 반응하고 그 후에야 이성적으로 이유를 따져보게 된다. 감정이 결정을 내린 뒤 이성은 '왜 그렇게 결정했는지'를 설명하는 역할을 할 뿐이다.

실제로 뇌의 감정 영역이 손상되면 아무것도 결정하지 못하고 반대로 이성 영역에 문제가 생기면 결정을 내리긴 하지만 그 이유를 설명하지 못한다고 한다.

감정에 충실한 사람은 자신의 감정을 덮어 포장할 줄 모른다. 느끼는 대로 말하고 생각나는 대로 행동한다. 앞으로의 관계를 고려해 감정을 추스르거나 억제하지 못한다. 조직에서 이런 사람은 고분고분하지 않고 앞뒤 가리지 않고 상사에게 대들기도 한다. 평화와 안정을 중시하는 조직에서 이런 사람은 예측 불가한 존재이자 혼란을 일으키는 불편한 존재가 되기 쉽다. 물론 이들은 매사에 예민하고 때때로 부정적인 논쟁을 일으키기에 당연히 반길 수 없다.

조직에서 상사는 자신의 감정을 드러내기보다는, 입 안의 혀처럼 유연하게 처신하며 비위를 맞추는 사람을 선호한다. 우리 사회는 이성을 앞세워 감정을 억누르고 냉철하게 행동하는 사람을 더 높이 평가해 왔다. 그런 사람을 흔히 '수양이 잘된 사람'이라 부른다. 지금 상사의 자리에 있는 사람들은 대체로 과거에 할 말을 삼키고 꾹 참고 살아온 이들이다. 지금까지 남의 감정에 맞춰 나를 죽이고 산 것도 억울한데, 직장의 부하직원이 할 말 못 할 말 다 한다면 괘씸할 뿐 아니라 자신에게 화가 나기도 한다.

이처럼 이성을 중시하던 사회가 이제는 공감을 중시하는 사회로 바뀌고 있다. 2023년 8월, '공무원임용시험령'이 개정되어 공무원 면접시험에서 '소통과 공감 능력'을 평가하게 되었다. 공감이란, 사전적으로 '남의 감정, 의견, 주장 등에 대해 자기도 그렇다고 느끼는 것'이다. 다시 말해, '역지사지'의 마음으로 상대의 입장에서 생각해보는 것이다. 물론 면접에서 답변을 잘했다고 해서 그 사람의 소통과 공감 능력이 충분하다고 단정할 수는 없다. 그렇다면 왜 요즘 들어 소통과 공감 능력이 그토록 중요해졌을까?

인공지능(AI)이 노동력, 일하는 방식 그리고 업무 환경에 미치는 영향력이 빠르게 확대되고 있다. 일하는 현장에 광범위한 변화를 가져오는 'AI 시대'에 요구되는 기술은 무엇일까? 첫째는 AI와 빅데이터를 활용하는 하드 스킬이고 둘째는 팀워크와 효과적인 커뮤니케이션에 필요한 소프트 스킬이다. 링크드인의 조사에 따르면 미국 경영진의 72%가 "AI 기술보다 의사소통, 유연성 등 소프트 스킬이 더 중요하다"고 응답했다고 한다.

시대의 변화와 함께 사람들의 태도와 행동도 점점 더 개인주의적으로 바뀌고 있다. 타당성과 합리성에만 매몰되어 상대의 입장이나 감정을 고려하지 않기도 한다. 하고 싶은 말을 거침없이 쏟아내고 요구사항에 대해서는 고민조차 없이 단번에 거절하기도 한다.

이성보다 감정이 앞서는 인간에게 모든 감정을 억누르고 포커페이스로 상대를 대하라는 시대는 이미 지나갔다. 이제는 직장에서 당당히 자신의 의견을 표현하고 감정을 드러내는 것도 자연스러운 일이 되었다.

이때 필요한 것이 바로 '공감의 커뮤니케이션 능력'이다. 자신의 생각을 분명히 표현하되 상대의 입장에서 한 번쯤 생각해 보고 상대의 감정이 상하지 않도록 조심스럽게 말하는 능력. 이것이 바로 공감 커뮤니케이션이다. 감정을 억누르는 포커페이스 시대는 끝났다. 이제는 자신의 감정과 생각을 솔직하게 표현하되 상대의 감정을 배려하며 부드럽게 전할 줄 아는 능력이 요구된다. 왠지 더 어려워진 주문 같기도 하다.

편견을 버리고 긍정의 눈으로 보기

사람들은 남이 잘하는 일을 칭찬하기보다는 잘못하는 점을 드러내고 지적하는 일을 더 즐기는 경향이 있다. 완벽한 사람은 없다. 누구에게나 단점이 있고 장점이 있다. 타인에게 분명 좋은 점이 있는 반면 때로는 거슬리는 면도 있기 마련이다.

그런데 사람에 대해 한 번 좋든 나쁘든 선입견을 갖게 되면 직접 겪어보기도 전에 그 선입견을 마음속에 고착화하려는 경향이 있다.

직장에서 발령이 나고 새로운 직원이 들어오면 그 사람보다도 먼저 풍문이 들어온다. '성격이 급하다더라', '꼼꼼하다더라', '까다롭다더라', 심지어 '주사가 어떻다더라' 등등. 본인이 직접 경험해 보지도 않고 이런 말만 듣고 상대를 평가하고 머릿속에 이미지를 만들어버리는 것이다. 절대 하지 말아야 할 일, 바로 이런 선입견을 갖는 것이다.

사람들의 태도와 행동은 상대적인 법이다. 내가 어떻게 하느냐에 따라 상대의 말과 태도도 달라질 수 있다. 그렇기에 우리는 종종 "듣던 것과 다르네?", "잘못된 소문이었네!"라는 이야기를 하게 된다.

한번 새겨진 인식은 좀처럼 바뀌지 않는다. 그래서 새로운 사람을 만날 때는 백지 상태에서 가능하면 긍정적으로 바라보는 것이 중요하다. 일단 긍정적으로 인식되면 그에 대한 좋은 점과 예쁜 면이 자꾸 눈에 들어오게 된다. 긍정은 긍정을 낳고 관계도 저절로 좋아진다.

하지만 한 번 부정적인 인식으로 각인되면 이상하게도 실수만 눈에 띄고 곱지 않은 면만 부각되어 보이게 된다. 그러한 인식은 결국 그 사람과의 관계마저도 망칠 수 있다.

예전에 머리 모양을 바꾸고 출근한 적이 있었다. 그때 한 동료가 보자마자 "머리 하셨네요? 어쩐지 뭔가 달라 보이더라. 멋져요!"라고 했다. 그냥 인사로 하는 '립서비스'라고 생각했지만 그날은 아침부터 기분이 좋았다. 화장실 거울 앞에 서서 내 모습을 비춰보며 "정말 괜찮은가?" 하고 미소 지었다. 사실 사람의 마음은 별것 아닌 것에 기분 좋고 아주 작고 사소한 일에 기분이 상한다. 애나 어른이나 똑같다. 새 옷을 입고 온 사람에게 "오늘 의상이 참 잘 어울리세요."라고 칭찬의 말을 건네 보자. 아마도 그 사람은 자기도 모르는 사이에 얼굴에 미소가 번지고 하루가 조금 더 특별해질 것이다. 사람은 누구나 자신의 변화된 모습을 알아봐 주는 사람에게 호감을 느낀다. 그것은 단지 외모에만 해당되는 것이 아니다. 다양한 방식으로 표현하는 관심을 말한다. 긍정적인 관심은 긍정적인 인식을 만들어 내고 상대에 대한 고마움과 친밀감이 자라게 한다.

　리더는 조직의 거울이다. 리더의 시선은 곧 조직의 기준이 된다. 리더가 직원을 긍정적으로 바라볼 때 직원들은 자신 안에 숨겨진 가능성과 가치를 발견하게 된다. 따뜻한 믿음과 존중의 마음은 구성원에게 힘이 되고 그 힘은 다시 조직을 성장시키는 원동력이 된다. 리더의 긍정적 인식은 단순한 친절이나 칭찬을 넘어 사람을 키우고 조직을 움직이는 근원이자 출발점이다.
　내가 조직의 일원이라면 자신과 동료 그리고 조직에 대한 긍정적인 마음은 스스로를 성장시키는 힘이다. 작은 일에도 의미를 찾고 어려움 속에서도 가능성을 보는 태도는 결국 자신의 미래를 밝히는 길이 된다. 스스로를 믿고 동료를 신뢰하며, 조직의 가치를 긍정하는 마음이 모일 때 개인도 팀도 함께 성장할 수 있다.

개인적 친분 쌓기

직장 내에서 개인적인 친분을 쌓기는 쉽지 않다. 자주 직장을 옮기다 보니, 개인적으로 조금 가까워질 만하면 떠나게 되기 때문이다. 또한 서로 간에 이해관계가 얽혀 있고 상하 관계에 놓여 있다 보니 흉허물 없이 지내기도 쉽지 않다. 하지만 가장 가까워질 수 있는 계기는 서로 사적인 이야기를 터놓고 나눌 때이다. 그런 대화 속에서 서로를 이해하게 되고 자연스럽게 그들의 강점과 약점도 알게 된다.

상대를 알 때 그들과 가장 잘 지낼 수 있다. 내가 나를 먼저 드러내고 마음으로 다가가면 그들도 진심으로 응답하게 된다. 상대의 마음을 얻으면 그들도 기꺼이 내게 손을 내밀 것이다.

이런 관계의 조직은 팀워크도 좋고 어떤 일도 두렵지 않다. 함

께 뭉치고 함께 어려움을 나눌 수 있는 관계로 승화되는 것이다

카페에서 남녀가 만나 이야기를 나누면서도 톡으로 대화를 주고받는 모습을 본 적이 있다.

그런 모습을 보며 '직원들과 대화를 나눌 때도 톡이나 채팅으로 해야 하나?' 하는 생각이 들었다.

요즘 MZ세대들은 전화 공포증이 있다고 한다. 전화를 받는 것 자체가 어색하고 심지어 공포스럽기까지 하다는 것이다. 내 생각에는, 전화는 좀 더 예의 바르고 정확하게 의사를 전달하는 방법이기에 급할 때는 전화를 해왔다. 하지만 전화를 받은 MZ세대 직원들은 익숙하지 않아 놀라고 불편함을 느낀다고 하니, 이제는 대화의 채널을 어떻게 맞춰야 할지 고민이 아닐 수 없다.

언젠가 주말에 급하게 업무 확인을 해야 해서 한 직원에게 전화를 걸었던 적이 있다. 그 직원이 얼마나 놀라고 두려웠을지는 훗날 'MZ세대와의 소통' 시간에야 알게 되었다. 사무실 안에서는 말소리가 거의 들리지 않는다. 전화벨 소리가 가끔 울리긴 하지만 그들의 대화는 대부분 키보드 타이핑 소리로 대신된다. 사무실 내부 직원 간에도, 외부 직원과도 톡으로 대화를 나눈다.

개인주의가 팽배해지고 있는 이 시대, 개인적인 친분을 쌓는 일은 하늘의 별 따기만큼이나 어렵다. 그럼에도 불구하고 마음은

결국 마음으로 통하는 법이다. 가능한 한 상대에 대해 많은 것을 알고자 노력하고 그들의 마음을 얻기 위해 최선을 다해 보자.

상대를 아는 가장 좋은 방법 중 하나는 그 사람을 업무 외적인 상황에서 만나는 것이다. 일반적으로 직장 내에서는 방어적인 태도를 취하게 되고 나이나 지위의 영향을 받기 마련이다. 그러나 전혀 다른 환경에서 그 사람을 알게 되면 그의 진정한 모습을 볼 수 있게 된다.

동아리 활동은 사적인 관계를 구축하기에 좋은 방법이다. 직원들과 환영회를 할 때는 돌아가며 자기소개하는 시간을 갖는다. 또, 소통의 시간에는 지금까지 살아온 여정, 일명 '인생 이야기'를 나누기도 한다. 이처럼 터놓을 수 있는 사적인 이야기는 서로를 이해하게 하고 관계를 한층 더 돈독하게 만든다. 그러니 친해지고 싶은 팀원이 있다면 개인적인 약속을 잡자.

리더의 대화 매너

　업무 협의 차 다른 부서의 팀장을 찾아갔다. 이야기를 나누는 내내 그 팀장은 나와는 눈도 마주치지 않았다. 오히려 같이 간 후배 직원에게 설명해 보라고 하더니, 그 직원과만 대화를 이어갔다. 순간, '나에게 무슨 감정이 있나?' 하는 생각이 들었다.

　대화할 때 누구와 이야기를 나누는지, 시선을 어디에 두는지는 참으로 중요한 대화 매너이다. 말 한마디보다 그 사람의 태도가 더 많은 것을 말해 주기도 한다. 대화를 나누는 이의 태도에 따라 오해가 생기기도 하고 오해가 풀리기도 한다.

　그 팀장은 지금까지도 내게 '매너 없는 사람'으로 각인되어 있다. 제안이 수용되었는지 여부보다, 상대의 태도가 더 큰 불쾌함으로 남았다.

대화를 이끄는 상담의 주체는 자신의 위치를 자각하고 찾아온 상대에게 최선을 다해 그들의 이야기에 귀를 기울여야 한다. 그들이 겪는 고충이 무엇인지 경청해 주어야 한다.

상대가 누구이든 동등한 관심을 기울이고 대화 중의 아이컨택 또한 중요하다. 두 사람이 함께 찾아왔는데, 그중 한 사람과만 눈을 마주치고 대화한다면 나머지 한 사람은 자연스럽게 소외감을 느끼게 된다.

지위 고하를 막론하고 찾아온 사람을 대하는 자세는 공정해야 하며, 따뜻한 표정과 미소를 잃지 않아야 한다. 그런 태도에서 시작된 대화는 공감을 이끌어내고 나아가 설득에 도달할 수 있다. 그래야 상대방이 비록 거절을 당했더라도 서운하지는 않다. 오히려 그럴 수밖에 없는 상황을 이해하고 수긍하며 돌아갈 수 있어야 한다. 그것이 바로 민원인을 대하는 상담자의 대화 기술이다.

미국에서 공부하던 시절, 대학원 게시판에 올라온 세미나 일정을 보고 단과대학에 찾아간 적이 있다. 무더위가 기승을 부리던 때였고 뚜벅이인 나는 한참을 걸어 시간에 맞춰 도착했다. 현관문을 들어서자 사람들이 많이 모여 웅성거릴 법한 시간이었는데도 조용하고 썰렁한 기운이 감돌았다. 이상해서 사무실 직원이 있는 곳으로 가 세미나 일정에 대해 문의했다.

그 직원은 다소 당황한 얼굴로 일정이 변경되어 오늘 세미나는 취소되었다고 말했다. 나는 변경 사항을 미처 확인하지 못했고 사전에 신청까지 해둔 상황이었기에 의심 없이 그곳까지 간 것이었다.

카운터 뒤편에 앉아 있던 상사처럼 보이는 사람이 급히 나와 "제대로 공지를 못해 정말 미안하다"며 이유를 자세히 설명해 주었다.

더위에 지쳐 있었고 오래 걸은 탓에 피곤하기도 했지만 확인하지 못한 나 자신을 탓하며 발걸음을 돌릴 수밖에 없었다.

그런 일이 있고 몇 주가 지난 후, 나에게 우편물이 한 통 도착했다. 그 우편물은 그 대학의 부서장이 손수 쓴 손편지였다. 세미나 일정 변경에 대한 사과의 내용과 함께, 다음에 열릴 세미나 일정도 함께 소개하고 있었다.

나는 이미 그 일을 다 잊고 있었는데, 갑작스럽게 그런 손편지를 받고 미국인들의 업무 태도에 큰 감동을 받았다. 실수에 대한 진정한 사과가 이렇게 감동으로 이어질 수 있다는 사실을 새삼 깨달았다. '다음에 꼭 한 번 다시 가봐야지!' 하는 마음이 자연스럽게 들었다.

리더에게는, 비록 내 쪽에 문제가 있거나 실수가 있었더라도 상대가 기분 나쁘지 않게 상황을 수용하도록 만드는 진정성과 설득의 기술이 필요하다.

우리는 매일 누군가를 만난다. 그들 중에는 호의적인 사람도 있고 반감을 가진 사람도 있을 수 있다. 어떤 사람을 만나면 기분이 좋아지기도 하고 또 어떤 이를 만나면 저절로 얼굴빛이 어두워지기도 한다. 겉으로는 상대가 그렇게 만든 것처럼 보이지만 어쩌면 그런 상황은 나로부터 비롯된 것일 수도 있다.

나는 과연 나를 찾아오는 이들에게 어떤 태도와 말씨로 그들을 대했는가? 기분 상하지 않게 상대를 설득할 수 있는 기술을 나는 갖추고 있는가? 리더라면 대화와 설득의 기술 역시 반드시 갖추어야 할 조건이다. 대화가 어렵다면 글이라도 좋다.

리더의 시선은 곧 조직의 기준이 된다

- **인재 육성 리더십**
  배우는 단계에서 가르치는 단계로 전환되는 것이다. 무언가를 배우는 데 있어 가장 효과적인 방법은 그것을 가르치는 것이다

- **공감적 소통 리더십**
  피터 드러커는 사람을 이끄는 것은 오케스트라를 지휘하는 것과 같다. 지휘자는 각기 다른 수많은 연주자와 악기에 대해 속속들이 알고 있어야 한다고 말했다. 적절한 질문은 사람들의 마음을 여는 열쇠가 된다.

- **임파워먼트 리더십**
  팀장은 팀원들이 각자의 업무에 대해 주도적으로 생각하고 판단해 추진할 수 있도록 기다릴 줄 알아야 한다. 권한을 위임하고 팀원들이 마음껏 기량을 펼칠 수 있도록 지원하자

- **다양성 수용 리더십**
  조물주가 우리를 그렇게 다양하게 만들었고 그 덕분에 우리는 다양한 삶을 누릴 수 있는 것이다. 각기 다른 재능과 개성을 지닌 사람들이 함께 일하기에, 함께 성장할 수 있고 더 많은 일을 멋지게 해낼 수 있으며, 서로 달라서 오히려 더 흥미롭고 즐거울 수 있다

- **문제 해결 리더십**
  문제를 단순히 문제로만 보고 비판에 그치는 사람은 그저 불평분자일 뿐이다. 문제를 찾아내는 데서 멈추지 않고 그것을 해결의 대상으로 삼는 사람만이 변화와 발전을 이룰 수 있다.

- **긍정적 리더십**
  리더는 조직의 거울이다. 리더의 시선은 곧 조직의 기준이 된다. 리더가 직원을 긍정적인 시선으로 바라볼 때 직원들은 자신 안에 숨겨진 가능성과 가치를 발견하게 된다.

- **상황적 리더십**
  모든 MZ세대가 회식을 싫어한다고 일반화하는 것은 오류다. 그 부서의 분위기가 어떠한지, 부서장이 어떤 공기를 만들어주느냐에 따라 회식은 환호가 터질 수도 있고 푸념이 나올 수도 있는 것이다.

제4부

함께 성장하는
따뜻한 리더십

리더가 진심을 담아 관심을 보이고
따뜻하게 격려한다면 그 말은
긍정의 에너지를 전하게 되고
결국 일하고 싶은 일터로 이어지게 될 것이다.

당신이 리더라면
사람들을 더 나은 곳으로 데려가야 한다

- 로슬린 카터-

꿈을 이루는 절실함

삶에 대한 열정을 가진 사람은 매사에 적극적이고 활기가 넘친다. 얼굴에서는 빛이 나고 눈은 반짝인다. 그런 사람은 분명 꿈을 가진 사람이다. 꿈을 품고 한 걸음, 한 걸음 앞으로 나아가는 사람들이다.

열정은 '해야 할 일'을 '하고 싶은 일'로 바꾸어준다. 해야 할 일이 하고 싶은 일이 되면 자연히 열심히 하게 되고 재미가 붙으며 지속할 수 있게 된다. 얼마나 절실히 원하느냐가 열정을 만든다. 무엇을 원하는가가 아닌 얼마나 간절한가를 들여다보면 그 일을 열정적으로 끝까지 성취할 수 있는지, 하다가 중단할 것인지 가늠해 볼 수 있다.

유학을 준비할 때 나는 정말 절실했다. 반드시 이루고 싶은 꿈이었기에 그 어느 때보다 열정적으로 공부했다. 내 생애에 그렇게 열심히 공부한 적은 없었으리라. 근무 시간에는 일하고 남는 시간은 모두 영어 공부에 쏟았다. 차 안에도, 방 안에도 영어 단어가 적힌 포스트잇이 빼곡히 붙어 있었다. 하루 3~4시간 자는 게 전부였다.

영어 성적이 뜻대로 오르지 않아 좌절하기도 했고 시험을 마치고 남몰래 눈물을 뚝뚝 흘린 날도 많았다.

그러나 절실함은, 그런 날에도 나를 다시 오뚝이처럼 일어나게 했다. 피곤함도 잊게 했고 졸음도 밀어냈다. 원하는 GRE-(Graudate Record Examination, 미국 대학원 입학 자격 시험) 성적을 얻기 위해 비행기를 타고 일본까지 간 적도 있었다. 당시 우리나라에서는 PBT(Paper Based Test)만 가능했는데, 내가 목표한 점수를 받기 위해서는 CBT(Computer Based Test)가 유리했기 때문이다. 원하는 점수를 얻고자하는 간절함은 바다 건너 아무리 먼 곳이라도 가게 했다. 2008년 유학 시절, 유학 생활을 성공적으로 해내고 싶다는 절실함이 있었기에 어떤 어려움도 견딜 수 있었다.

그 당시 나는 마치 필살기를 장착한 듯 성격도 적극적으로 변했다. 학기가 시작되기 전, 겁도 없이 학과장을 찾아가 재정 지원을 받을 수 있도록 기회를 달라고 용기 있게 말했다. 일자리 추천도 요청했다.

이해되지 않는 부분이 있으면 교수를 찾아가 물었다. 매일 그날 배운 수업내용에 대한 느낌과 배려에 대한 감사의 마음을 담아 교수에게 이메일로 보냈다.

캠퍼스 안을 발이 부르트도록 돌아다니며, 이곳에서 내가 얻어야 할 것이 무엇인지 찾아다녔다. 게시판에 공시된 브라운 백 미팅(Brown Bag Meeting)이나 세미나에도 적극적으로 신청해서 참석했다. 토론 수업 시간에 꿀 먹은 벙어리처럼 앉아 있었던 내가, 어느덧 손을 들고 질문도 하게 되었다. '이곳을 떠나면 할 수 없는 일, 미국 땅이기에 할 수 있는 일'을 찾아다녔다. 어렵게 얻은 기회이기에 무언가를 반드시 얻고 경험해 보고자 하는 절실함이 나를 열정적으로 만들었다.

지금 나는 과연 어떤 절실함을 가지고 있는가, 스스로에게 반문해 본다.

그 절실함은 시간이 흐르면서 나태함에 밀려 점점 희미해져 간다. 절실함이 사라지면 열정도 함께 사라진다. 인생에서의 성취는 단지 '무엇을' 원하는가보다, 그것을 '얼마나 절실하게' 원하는가에 달려 있다고 한다. 무언가를 간절히 원하는 사람, 분명한 꿈이 있는 사람은 대개 그 목표를 향한 의지력을 만들어낸다. 그

간절함에서 비롯된 의지력이, 결국 무언가를 이루고 성취하게 만드는 힘이 된다.

끊임없이 이루고 싶은 꿈이 있는 한 열정은 사라지지 않으리라. 그 열정은 주변의 사람들에게 영향을 미치고 지금 내가 하고 있는 일의 성과를 증진시킨다.

조용한 영향력

유쾌한 사람이 좋다

사무실은 늘 북적인다. 한쪽에서는 전화벨이 울리고 다른 한쪽에서는 민원인과 대화가 오간다. 배경음악처럼 키보드 두드리는 소리가 깔린다.

그 속에는 모니터를 뚫어져라 쳐다보며 일에 몰두하는 직원이 있는가 하면 서류더미에 파묻혀 고무 골무를 끼고 서류를 뒤적이는 직원도 있다. 또 어떤 이는 전화기에 대고 조용조용 설명을 하기도 하고 약간 높은 억양과 상냥한 말투로 응대하는 직원도 있다.

누군가는 차 마시러 잠시 탕비실에 들르고 또 누군가는 우리 사무실을 방문한 다른 부서 직원일 수도 있다. 모르긴 해도, 인터넷 서핑을 하며 주말에 뭘 할지 찾아보는 사람도 있을 것이다.

지나가며 사무실 풍경을 훑어보면 각양각색의 표정이 눈에 들어온다. 아직도 마스크로 얼굴을 감추고 있는 직원들도 있지만 대부분은 코로나 시기를 지나 마스크를 벗고 근무를 하기에 그들의 다양한 표정을 읽을 수 있어 좋다. 어떤 직원은 일부러라도 말을 걸고 싶을 만큼 편안하고 따뜻한 표정을 지었고 반면 근엄한 얼굴로 일에 몰두해 가까이 다가가기조차 어려운 직원도 있다. 그야말로 일하는 표정은 모두 제각각이다.

나는 주로 직원을 부르기보다는 궁금한 것이 있으면 직접 자리에 찾아가 묻곤 한다. 그럴 때면 당황해 안절부절못하는 사람이 있는가 하면 상냥한 얼굴로 친절히 설명해 주는 직원도 있다.

보고하러 내게 다가올 때도 반응은 가지각색이다. 내가 말하지 않아도 옆에 바싹 붙어 앉아 설명하는 직원이 있는가 하면 가까이 오는 것 자체를 조심스러워하며 멀찍이서 말을 하거나, 사인만 재빨리 받고 자리를 떠나는 직원도 있다.

과연 우리는 어떤 사람에게 끌릴까? 과장이 되어보니, 일하는 태도나 대인관계에서 어떤 사람이 상사에게 인정받고 귀염받는지가 분명하게 보인다. 밝은 사람이 좋다. 먼저 다가와 주는 사람이 좋다. 사실 직급이 올라갈수록, 늘 혼자 생각하고 결정해야 하기에 외로운 자리가 된다. 그런 상황에서 누군가 다가와 주는 건,

가뭄 끝에 내리는 단비처럼 반가운 일이다.

물론 알고 있다고 해서 실천하기는 쉽지 않다. 누구나 각자 살아오며 굳어진 성격과 삶의 방식이 있기 때문이다. 타고난 성향이 그렇다 해도, 노력 여하에 따라 어느 정도는 달라질 수 있다고 믿는다. 사람마다 맞는 코드가 있듯, 모두에게 좋은 인상을 주긴 어렵다. 하지만 그럼에도 불구하고 '밝은 사람'에게는 누구나 끌린다.

아무리 힘든 상황이라도 씩씩하게 버티며, 동료들과 호탕하게 웃고 일에도 적극적인 사람은 눈에 띈다. 때로는 힘들다며 투정을 부릴 때도 있지만 그런 직원일수록 더 도와주고 싶고 아껴주고 싶은 마음이 생긴다.

반면 늘 무표정한 얼굴로, 아니 무표정하면 그나마 다행이지만 벌레 씹은 얼굴로 불만이 가득해 오만상을 찡그리며 말 한마디 없이 일만 하고 있으면 그 누구도 가까이 하기 어렵다. 일이 힘들어서 그런 걸 수도 있지만 그건 그 사람의 태도와 성향 때문이기도 하다. 물론 상대적으로 윗사람의 태도에 따라 달라질 수도 있다. 그런 사람에게는 다가가 말 붙이기가 어렵다. 상사에게 먼저 다가와 이야기를 꺼내는 것도 꺼리고 결국 자기만의 성을 쌓고 고립되어 간다. 그건 어쩌면 홀로 고독사하는 지름길일지도 모른다.

늘 밝은 표정으로 일하고 무슨 일이든 적극적으로 열심히 하는 직원은 참 예쁘다. 누구나 자기 일이 가장 힘들다고 느끼게 마련이다. 실제로 각자의 일이 힘겹다. 그 일이 내 손에서 여물어질 때까지의 그 과정은 너무도 고단하고 힘겹다. 한 번도 해본 적 없는 일을 배워가며 완성해내는 일은 더욱 그렇다.마치 도자기 장인이 하나하나 새 도자기를 빚어내듯 긴 시간과 정성이 필요한 법이다.

상사가 말을 꺼내기만 하면 곧바로 실현 가능한 방법을 찾아 제안하고 추진하는 사람은 어디서든 환영받는다. 예컨대, 연초에 팀장들과 함께 독서 동아리를 만들어보자고 이야기한 적이 있다. 그 제안을 실천으로 옮긴 직원은, 실행 방안과 재정 지원까지 포함한 구체적인 안을 곧바로 마련해왔다.

동아리 운영계획 공문이 발송되기가 무섭게 동아리 활동을 시작할 수 있는 회의실을 마련하여 제일 먼저 협의회를 가졌다. 그야말로 말 떨어지기가 무섭게 초스피드로 기획하여 추진하는 추진력의 강자였다.

그뿐 아니라 뛰어난 재치와 유머러스한 언변으로 함께 이야기를 하다보면 배꼽을 잡고 웃게 된다. 그런 사람을 어느 누가 싫다고 할 수 있겠는가? 어딜 가나 사랑받아 마땅하다. 그래서인지 각종 TF나 협의회에 잘 불려 다닌다. 약방의 감초처럼 빠지는 곳이 없다 보니, 정보도 많다. 아는 것이 많으니 할 말도 많다. 물론 모든 사람이 그와 같은 능력을 갖추긴 어렵다. 하지만 누구나 밝은 에너지를 지닌 사람에게는 끌리기 마련이다. 그 밝은 분위기는 결국 '적극성'에서 나온다.

자기 자리에서 묵묵히 역할을 다하며 열심히 일하는 직원들 모두가 참 소중하고 고맙다. 나의 역할은 이들에게 행복한 직장을 만들어 주는 것이다. 각자의 고충을 허심탄회하게 털어놓을 수 있고 어려움은 함께 나누며, 기쁨은 두 배로 나눌 수 있는 따뜻한 분위기를 만들고 싶다.

리더의 말이 관계를 살린다

리더의 말은 영향력이 크다. 말의 내용도 중요하지만 말의 속도나 목소리 톤도 결코 가벼이 여길 수 없다. 상사가 던진 한마디에 조직의 분위기가 싸늘해지기도 하고 따뜻해지기도 한다. 같은 말이라도 목소리 톤에 따라 화가 난 건지, 기분이 좋은 건지 금세 드러난다. 직장에서 눈치 빠른 직원들은 상사의 말투와 어조를 살펴 그날 결재를 받으러 갈지 미룰지를 판단하기도 한다. 이런 이유로 리더는 말을 할 때 상대를 배려하는 태도가 기본이 되어야 한다. 특히 공식적인 자리에서는 더욱 신중한 언어 사용이 필요하다. 한번 내뱉은 말은 되돌릴 수 없고 말실수는 때로 오해와 갈등을 불러와 관계를 망치기도 한다.

상대를 배려하는 말하기는 어떻게 해야 할까?

첫째, 상대와 교감하며 말하기다. 말을 할 때는 반드시 상대의 눈을 마주치며 이야기해야 한다. 단순히 시선을 맞추는 데 그치지 않고 상대의 감정과 소통해야 한다. 감정이 교류되지 않고 눈도 마주치지 않은 채 이뤄지는 뒷담화는 가장 바람직하지 않은 말하기 방식이다.

하고 싶은 말이 있다면 당사자에게 직접 이야기하는 것이 가장 좋다. 업무상 이야기도 마찬가지다. 관련된 대상에게 직접 전달해야 정확하게 의도가 전달된다. 제3자를 통해 전해진 말은 의도와 다르게 와전되거나 왜곡되기 쉽고 거기에 꼬리표나 해석이 붙어 눈덩이처럼 커진 오해로 번지기도 한다. 오해는 관계를 훼손시키고 불필요한 다툼을 유발한다.

실제로, 타 부서의 장이 우리 부서 직원에게 나에 대해 한 말을 전해 들은 적이 있다. 그로 인해 감정이 상하고 상대를 미워하게 되었으며 결국 반목하며 관계가 끝나고 말았다. 지금 돌이켜보면 가장 후회되는 흑역사다.

둘째, 리더는 말을 할 때 수위 조절을 잘해야 한다.

여기서 말하는 '수위'는 말의 내용뿐 아니라 말의 톤과 뉘앙스, 즉 따뜻함과 차가움, 부드러움과 거침의 정도를 말한다. 리더가 언제나 좋은 말만 할 수는 없다. 때로는 화가 나기도 하고 사과를 해야 할 때도 있다. 만약 회의 자리에서 불편한 감정을 드러내야 한다면 어느 정도의 수위로, 어떤 표현을 사용할지를 미리 고려하고 말해야 한다. 무턱대고 감정을 조절하지 못하고 내뱉은 말은 상대와의 관계를 회복하기 어려운 지경으로 만들 수 있다. 가시 돋친 말 한마디가 상대에게 비수처럼 꽂혀, 그 상처를 회복하는 데 오래 걸리거나 아예 치유되지 않을 수도 있다. 정쟁을 일삼는 정치판이나, 이해관계가 첨예한 노조 협상 테이블에서나 들을 법한 "해명하라, 규명하라"와 같은 표현은 직장 내 관계에서는 피해야 할 말이다. 좋은 관계를 유지하고 싶다면 그런 말은 입 밖에 내지 않는 것이 현명하다.

셋째, 리더는 상대의 수준에 맞는 대화 방식을 찾아야 한다.

리더는 다양한 사람들과 소통한다. 어린아이, 학생, 어르신, 많이 배운 사람과 그렇지 못한 사람의 수준까지, 모두 서로 다른 수준과 배경을 지니고 있다. 김지철 교육감은 유치원 어린이와 대화할 때 아이의 눈높이에 맞춰 무릎을 굽히고 앉아 이야기를 나눈다. 이는 눈높이에 맞는 대화 방식이며, 그들의 언어를 배우고 소통하려는 태도다.

리더의 말 한마디는 조직을 화목하게도 만들 수 있고 반목하게 만들 수도 있다. 조직 내 갈등 상황은 대부분 말에서 비롯된다. 상대방의 말을 경청하지 않으면 그 사람은 마음의 문을 닫고 대화를 단절하게 된다. 상대의 입장을 이해하고 공감하는 리더의 말, 그리고 솔직한 감정 표현은 조직을 조화롭게 만든다. 갈등이 깊어진 조직의 상황을 살펴보면 리더뿐 아니라 구성원들 또한 말투에 배려가 부족했고 말의 수위 조절에 실패한 경우가 많다. 말 태도 역시 수양이 필요하다.

칭찬의 역설

켄 블랜차드 외의 《칭찬은 고래도 춤추게 한다》는 대한민국에 '칭찬 열풍'을 불러일으킨 책이다. 이 책은 긍정적 관계의 중요성을 일깨우고 진정한 칭찬의 의미와 실천 방법을 소개한다. 또한 칭찬이 긍정적인 인간관계를 이끌어내고 강력한 동기부여의 수단이 된다고 강조한다. 이 때문에 칭찬은 리더가 일터에서 직원들이 즐겁게 일하도록 이끄는 중요한 동력 중 하나로 알려져 있다.

《미움받을 용기》의 저자이자 아들러 심리학회 고문인 일본의 철학자 기시미 이치로는, 칭찬이라는 행위가 오히려 상대방으로 하여금 스스로 가치가 없다고 느끼게 만들 수 있다고 말한다. 혼내는 것뿐만 아니라 칭찬 또한 대인관계에서 횡적 관계가 아닌

종적 관계에서 이루어진다는 것이다. 아들러는 "모든 대인관계는 횡적 관계여야 한다."라고 말했다. 아들러 심리학에서는 칭찬이란 대등한 관계에서 나오는 말이 아니라, '능력 있는 사람이 능력 없는 사람에게 위에서 아래로 내리는 평가'로 본다. 누구도 인간관계 속에서 자신이 아래에 놓이기를 원하지 않는다. 그래서 직원을 칭찬하는 일도 어색한 상황이 될 수 있다는 것이다. 칭찬이 '넌 평소에는 부족하지만 이번엔 잘했네? 대단한걸.'이라는 의미로 받아들여질 수 있어, 관계의 구조를 수직적인 상하 관계로 만들 수 있기 때문이라고 말한다.

이런 말을 들으면 누구나 함부로 타인을 칭찬하기 어려워진다. 하지만 사람이 자신에게 가치가 있다고 느끼지 못한다면 대인관계 속으로 들어가거나 업무에 몰두할 용기를 내기 어렵다. 기시미 이치로는 바로 이런 이유 때문에, 칭찬은 그만두어야 한다고 말한다. 칭찬에 익숙해진 직원은 점점 그것을 기준으로 삼아 행동을 결정하게 되고 칭찬받지 못하면 적절한 행동조차 하지 않게 된다는 것이다.

그렇다면 누군가가 어떤 일을 잘했을 때는 어떤 말을 해야 할까? 그는 "고마워."라고 말하라고 조언한다. 아들러는 "사람은 자신이 공헌하고 있다고 느낄 때, 비로소 자신에게 가치가 있다고 느낀다."고 했다. 즉, 누군가에게 도움이 되고 있다는 실감이 있

을 때, 자신을 가치 있는 존재로 인식한다는 것이다. 그렇게 공헌
감을 느끼게 되면 사람은 대인관계 속으로 들어갈 용기를 갖게
된다. 이런 용기를 북돋우는 행위를 아들러 심리학에서는 '용기
주기'라고 부른다. 그렇기에 리더는 직원에게 "고마워."라는 말
을 자주 건네는 것이 좋다.

여기서 또 하나의 반론이 떠오를 수 있다. "제대로 하는 일도
없고 실수만 반복하는 직원에게 어떻게 고맙다고 말할 수 있습니
까?" 이럴 때는 바라보는 관점을 조금 달리해볼 필요가 있다. 같
은 행동에도 적절한 면과 그렇지 않은 면이 공존할 수 있기 때문
이다. 우선, 그 행위의 긍정적인 면에 주목해 보자. 예를 들어 실
수가 잦은 직원이 9시 5분에 출근했다고 하자. 실수와 5분 지각
에 초점을 맞추기보다는, "그래도 자기 자리에 와서 자신의 역할
을 하려는 의지를 보였구나."라고 생각해보자. 어쨌든 출근했으
니 고마운 일이다. 그렇기에 "오늘도 와줘서 고마워."라고 말해보
는 것을 권하고 싶다.

그렇다면 칭찬 대신 "고마워"라고 말해보자. 행동이 아닌 존재
에 주목하면 능력이 부족하다고 여겨지는 직원에게도 얼마든지
전할 수 있는 말이다. 퇴근할 때 "오늘도 고마웠어요."라고 인사
해보자. 어떤 행동도 당연하게 여기지 말자. 자료를 요청했다면
받았을 때 역시 고맙다고 말하자. 그 말을 들은 사람은 자신의 공

헌을 인정받았다고 느낄 것이다. 모두에게 공헌감을 주는 "고마워"는 훌륭한 표현이다. 하지만 기분 좋은 칭찬 역시 하루 종일 기분을 좋게 만들고 더 열심히 일하고자 하는 동기를 북돋운다. 동등한 입장에서 주고받는 칭찬은 누구에게도 불쾌함을 주지 않는다. 마음껏 칭찬하자. 그리고 모든 직원이 그 존재만으로도 고마운 사람이라는 점에 주목하자. 그 고마움을 표현하는 일에도 인색하지 말자. 일상의 작은 순간들을 포착해 고마움을 전하면 조직의 분위기는 분명 달라질 것이다.

칭찬이 때로는 독이 될 수도 있다. 결과에 대한 칭찬은 실패를 두렵게 만들 수 있다. 이는 실패에 대한 두려움으로 인해 새로운 도전을 주저하게 만드는 요인이 된다. 또, 남과 비교하는 칭찬은 경쟁심을 자극하고 질투심을 유발할 수 있다. 공개적으로 특정 부서나, 개인을 향해 칭찬하는 것은 시기와 질투를 불러올 수 있다. 상대적으로 칭찬받지 못한 사람이나 부서는 소외감을 느끼고 인정받지 못한다는 자책에 빠지기 쉽다. 실제로 이런 경험이 있다. 매월 초 월례회의를 대강당에서 하는데, 기관장이 특정 부서를 지칭하며 "○○팀이 최고로 고생하고 있다. 감사하게 생각한다."라고 공개적으로 말한 적이 있다. 그 부서에 속하지 않았던 나는 "우리도 매일 초과근무하고 주말까지 반납하며 고생하고 있는데, 그걸 몰라주는구나." 하는 서운함이 마음에 크게 남았다.

비판은 그와 반대다. 모두에게 해당하는 공적 비판은 공개적으로 하되, 사적 비판은 개인적으로 하는 것이 좋다. 누군가의 단점을 지적해 주는 것은 따로 불러 이야기하는 게 좋다. 직장 동료들이 함께 있는 자리에서 잘못을 지적하면 그 사람의 자존감에 상처를 준다. 관계마저 악화될 수 있다. 칭찬 일변도 역시 좋은 것만은 아니다. 때때로 주의도 주고 질책도 필요하다. 그래야 칭찬이 당연해지지 않는다.

일터에서 동기부여 수단으로 자주 등장하는 '칭찬'에 대해 여러 의견이 존재한다. 칭찬이 상하 관계에서 이루어지든 동료 간에 이루어지든 내 경험으로는 대체로 기분 좋은 일이었다. 물론 시기와 방식에 따라 그 효과는 달라질 수 있다.

대인관계에서 서로에 대한 관심과 애정이 있을 때 비로소 진정한 칭찬이 나온다. 리더가 진심을 담아 관심을 보이고 따뜻하게 격려한다면 그 말은 긍정의 에너지를 전하게 되고 결국 일하고 싶은 일터로 이어지게 될 것이다.

조용한 영향력

리더의 표정이 조직을 움직인다

나는 과연 어떤 팀 리더일까를 생각해본다. 리더십은 영향력이다. 조직의 목적달성을 위하여 팀원들과 조직의 가치를 공유하고 그 과정에서 영향력을 발휘하는 것이 리더십이다. 이 리더십은 조직을 성공으로 이끌기도 하지만 반대로 목표 달성은커녕 조직원들의 일상생활에까지 악영향을 미칠 수도 있다. 사실 리더는 표정 관리부터 잘 해야 한다. 출근했을 때 리더의 표정이 어두우면 직원들은 곧장 눈치를 보기 시작한다. 반대로 리더가 밝은 표정으로 미소를 지으면 수많은 미소로 퍼져나가 사무실의 분위기 전체가 환해질 수 있다. 리더의 표정과 속마음은 화살처럼 상대의 마음에 꽂힌다. 드러내지 않으려 해도 상대는 자연스럽게 그 마음을 읽는다. 작용과 반작용의 법칙처럼, 내가 누군가를 미워하면 그도 나를 미워하게 되고 내가 좋아하면 상대도 나를 좋아하게 된다. 바람처럼 그 마음이 전달되는 것이다.

그래서 나는 가능하면 마음에 미움보다는 사랑을, 책망보다는 감사를 품으려고 노력한다. 그런 긍정의 마음은 결국 긍정으로 되돌아오기 때문이다.

리더도 사람인지라 어떤 날은 즐겁고 어떤 날은 몸이 아파 힘들기도 하며 때로는 집안일로 마음이 괴롭기도 하다. 매일 밝은 표정으로 직원들을 대하고 감정을 숨긴 채 포커페이스로 조직을 관리하는 일은 결코 쉬운 일이 아니다. 그러나 직원들은 리더의 표정을 매일 살핀다. 나 역시 과장님이나 국장님 얼굴이 어둡거나 기분이 언짢아 보일 때면 결재 받을 일을 미루곤 했다. 기분이 좋지 않은 상사의 눈은 마치 매의 눈처럼 날카롭고 예리하다. 평소라면 그냥 넘어갈 일도 이상하게 그 날은 레이더망에 걸려든 포획물처럼 딱 잡히고 만다.

학교에서 근무하던 시절, 술만 마시면 이상하게 돌변하는 교장과 함께 일한 적이 있다. 술이 들어가면 험한 말이 거침없이 튀어나오고 심지어 싸움을 걸기도 했다. 직원들은 교장과 술자리를 함께 하지 않으려고 피했다. 출근했을 때면 전날 부부싸움을 했는지 안 했는지가 얼굴에 다 드러났다. 직원들은 그런 교장의 표정을 읽는 것이 매일의 중대 일과였다. 얼굴이 어두우면 그날은 파장이다. 아예 근처도 가지 않으려고 한다. 만약 호출이라도 당하면 그날은 '오늘도 무사히 넘어가기를' 각오하고 들어가야 했다.

나도 그러하였으니, 후배 직원들도 지금 내 표정을 살피고 있으리라. 내가 좋은 태도와 밝은 표정을 지니고 있으면 나 자신에게도 긍정 마인드를 유지하는 데 도움이 되고 더불어 타인에게도 긍정의 에너지를 전할 수 있다. 그러기 위해서는 자기 관리가 철저히 이루어져야 한다. 긍정의 영향력을 전하는 리더로 성장하기 위해서는 내면에서부터 긍정의 에너지를 품고 있어야 한다. 그것이야말로 리더가 발휘할 수 있는 가장 큰 영향력 중 하나다.

리더의 성장은 조직의 성장

존 맥스웰은 "어떻게 하면 우리 부서를 더 개선시킬 수 있을까요?"라는 질문에 그것은 '직원 개개인의 개인적 성장'이라고 대답했다. 그는 조직이 성장하려면 조직을 이끄는 리더들이 먼저 성장해야 한다고 강조했다. 결국 구성원 하나하나가 성장해야 조직도 함께 성장할 수 있다는 것이다.

세상은 빠른 속도로 변하고 사람들은 변화의 물결 속에서 숨가쁘게 적응해 가고 있다. 2016년 세계경제포럼(WEF)에서 클라우스 슈밥은 처음으로 '제4차 산업혁명'의 도래를 언급했다. 4차 산업혁명은 인공지능, 빅데이터, 사물인터넷, 클라우드 컴퓨팅, 자율주행 기술 등 첨단 정보통신기술이 경제·사회 전반에 융합되어 혁신적인 변화를 일으키는 지능형 디지털 기술 혁명이다.

이어 2019년, COVID19은 세상을 또 한 번 휘저었다. 코로나 19는 그 전염성만큼이나 빠르게 온 세상을 바꾸어 놓았다. 교육, 산업, 경제, 사회의 생활방식은 물론, 삶의 양식까지 송두리째 뒤바뀌었다. 2023년 6월 1일, 마스크 착용이 자율화된 이후에도 코로나 시기에 자리잡은 재택근무, 화상회의, 비대면 교육 등은 여전히 하나의 제도로 정착해 가고 있다. 일하는 방식마저도 변화시키며, 세상은 지금 과도기적 전환점을 지나고 있다.

2023년 2월 27일 자 『타임』지 표지에는 사람이 아닌 인공지능, 챗GPT가 등장했다. 기자가 타임지의 표지를 어떻게 기획할지 챗GPT에게 물었고 이에 대한 답변이 그대로 표지에 실렸다. 2022년 11월 30일, 오픈AI는 대화형 AI인 챗GPT 3.5를 세상에 공개했다. 2024년 7월, EBS의 영어 프로그램에서는 AI가 만든 로고송이 흘러나오고 있다. AI 가수가 잇달아 데뷔하고 있으며, AI는 이제 인간과 거의 같은 목소리를 만들어 내 실제 가수의 목소리와 구분하기가 어려운 수준에 이르렀다.

AI는 지금껏 등장했던 그 어떤 기술보다도 짧은 시간 안에 사람들의 주목을 받으며 우리 삶 속에 스며들고 있다. 과거에는 단순히 흥미 위주의 엔터테인먼트로 체험해 보는 정도였다면 이제는 업무에 적극 도입하거나 비즈니스 확장에 활용하려는 시도가 늘고 있다. 공공기관에서도 챗GPT를 업무에 적용하는 방법에 대한 연수가 이미 시작되었고 이를 효과적으로 활용하기 위한 연구와 보급이 활발히 이루어지고 있다.

챗GPT는 생성형 AI의 일종이다. 생성형 AI는 기존 데이터를 학습하여 그 패턴과 규칙을 바탕으로 새로운 콘텐츠를 만들어내는 기술이다. 이 기술은 텍스트, 이미지, 오디오 등 다양한 형태의 데이터를 생성할 수 있다.

업무 방식에서도 새로운 변화가 시도되고 있다. 광범위한 데이터를 학습하고 이를 결합해 차세대 검색 프로그램을 만들어 내는 것이 가능해졌다. 이제 이러한 기능을 갖춘 AI 모델이 차세대 검색 엔진과 결합되면서 새로운 업무방식으로 진화가 기대된다. 공공기관에서도 이 같은 기술을 발 빠르게 도입하고 있으며, 단순히 도입에 그치지 않고 이를 익히고 활용할 수 있는 인재양성이 중요해지고 있다.

제너럴 일렉트릭사의 최고경영자였던 잭 웰치는 "리더가 되기 전에는 자기 성장이 성공의 전부다. 그러나 리더가 된 후에는 다른 사람들을 성장시키는 것이 성공의 전부다."라고 말했다. 리더가 되기 전이라면 지금 자신을 어떻게 성장시킬지 고민해야 한다. 반면 이미 리더가 되었다면 빠르게 변화하는 세상에 필요한 도구가 무엇인지, 또 직원들을 어떻게 성장시킬 수 있을지를 진지하게 고민해야 한다.

성공과 실패는 내 안에서 결정된다

어떤 일을 하기도 전에 미리 걱정을 사서 하는 사람들이 많다. 나 역시 그런 사람 중 하나다. 세월이 흐를수록 걱정은 더 많아지는 것 같다. 물론 이런 성향을 '사려 깊고 신중하다'고 말할 수도 있겠지만 어떤 일이든 이것저것 재다 보면 문제점과 걸림돌은 언제나 보이기 마련이다. 시작하기 전 "만약 이런 일이 생기면 어쩌나? 그러다 실패하면 망신만 당할텐데!"라는 생각에 망설이다 보면 결국 그 일은 시작하지도 못하고 놓치게 된다. 그리고 나중에 "한번 시도라도 해볼걸" 하고 후회하게 된다. 그런 일이 참 많다.

상처받을까 두려워 먼저 다가가지 못해 혼자 가슴앓이만 했던 젊은 시절, 바빠질 것 같아서 나중에 시간 여유가 생기면 하자고 미뤄두었던 운동, 세상 사람들이 어렵다 하여 실패할까 봐 시작도 하지 못한 일, 쓸모없을 것 같아 망설이는 공부도 있다.

배우이자 소설가로 활동 중인 차인표의 이야기를 들어보면 그는 어린 시절 한부모 가정에서 자랐다. 어머니의 결정으로 21세에 미국으로 건너갔고 21세부터 25세까지는 가장 힘든 시기를 보냈다. 외로움과 불확실한 미래에 대한 두려움 속에서 하루하루를 버텨냈다고 한다. 그 시절, 그는 하루도 빠짐없이 '쓰기, 읽기, 운동' 이 세 가지를 실천했다고 한다. 이 습관들은 그의 삶을 지탱하는 기초 체력이 되었고 다양한 경험을 통해 절박한 삶을 살아가는 사람들을 이해하며 이타심도 키울 수 있었다.

탤런트 공채에서는 KBS, SBS에서 연이어 낙방했고 세 번째 도전인 MBC에서 비로소 합격했다. 그는 앞선 두 번의 낙방을 실패로 여기지 않고 다시 도전했다. 그는 말한다. "실패의 반대는 성공이 아니라 도전이다." 두 번의 낙방 후 세 번째 도전을 하지 않았다면 지금의 차인표는 없었을 것이다.

우리에게 필요한 것은 어떤 일을 시작할 때 최악의 상황이 아닌, 최고의 상황을 기대하는 태도다. 모두 잘 될 것이라는 기대와 희망으로 도전해 보자. 세상 사람들이 모두 실패했더라도, 나는 성공할 수 있다는 자신감을 가져보자. 설령 실패하더라도, 그 안에는 반드시 배움과 성장이 있다는 것을 인식하고 실패가 있는 곳이라도 기꺼이 달려들자. 긍정적인 태도로 어려움을 이겨낼 때, 우리는 그 속에서 성장하는 자신을 발견하게 될 것이다.

　공무원이 임지를 발령받을 때, 내가 원하는 곳으로 가기란 쉽지 않다. 절반은 만족하고 절반은 불만족한다. 하지만 어디에 있든, 나에게 도움이 되는 부분은 반드시 있으며, 어느 곳이나 음지와 양지가 있다. 모두가 기피하던 교육부에 내가 가겠다고 했을 때, 주변에서는 "고생할 텐데, 어쩌지?"라며 걱정어린 말을 건넸다. 하지만 나에게 그곳은 새로운 경험을 안겨준 신천지였다. 배우고 익혀야 할 것들이 매일 있었고 하루하루가 새롭고 소중했다. 물론 때로는 힘들어 투덜대기도 했다. 그러나 파견 근무를 마치고 나올 때는 새로운 경험에 대해 진심으로 감사했다. 만약 충남 안에서만 근무했다면 우물 안 개구리처럼 바깥세상을 보지 못했을 것이다. 중앙정부에서 일하는 사람들의 태도와 일하는 방식을 보며, 조직의 일사불란한 움직임을 직접 체험했다. 물론 보여주기식 행정도 있었지만 사안이 생겼을 때 신속하게 움직이는 추진력은 배울 점이었다.
　성공과 실패는 결국 내 안에서 결정된다. 세상 사람들이 실패했다고 해도 자신을 믿고 도전할 수 있는 용기가 있다면 그것은 실패가 아니다. 남들이 말하는 실패는 오히려 성공의 밑거름이자 씨앗이다. 지금 하고 있는 일이 내가 원해서 선택한 일이 아니라고 탓하지 말자. 새로운 곳에서 새로운 시선으로 세상을 바라보는 것이 나를 새롭게 하고 나를 성장시킨다. 아무리 힘든 자리도 내 마음가짐에 따라 천국이 될 수 있다.

어떤 일이 일어나든, 긍정적인 태도는 외부 환경이 아닌 내면에서 비롯된다. 우리가 처한 상황이나 주변 사람들의 평가와는 무관하게, 나의 태도가 모든 것을 결정짓는다.

임용장의 의미

장애 학생들의 졸업 후 취업을 위해 각급 학교나 교육지원청 등 교육행정기관에서는 '희망 일자리' 사업을 운영하고 있다. 이 사업을 통해 매년 평균 15명 정도가 무기계약직으로 채용되고 있다.

그 사업을 통해 우리 기관에도 나비처럼 조용히 날아든 직원이 한 명 있다. 3개월간의 인턴 기간을 거쳐 정식 직원이 된 중증장애인이다. 그가 우리 조직의 당당한 일원이 되기까지, 우리는 어떤 과정을 함께 걸어왔을까?

노동청에서는 '희망 일자리' 직원이 기관에 잘 적응할 수 있도록, 특수학교 전공과 졸업 예정자에게 1명의 지원 인력을 배정해 준다. 이 인력은 3개월 동안 하루 종일 함께 붙어 다니며 업무를 알려주고 사회생활을 익히도록 돕는다. 그리고 기관 내부 심의 과정을 거쳐, 함께 일할 수 있는 동료로 인정받으면 정식 무기계약직 직원으로 채용된다.

임용 당일, 기관장이 "새로 오는 직원을 위해 임용장을 만들어 주고 주간업무 회의 시간에 전달해 주는 것이 어떠냐?"고 제안했다. 직원들 모두 좋은 생각이라며 동의했고 담당자는 임용장을 제작했다. 그리고 임용일이 되자, 기관의 임원들이 모두 모인 자리에서 임용장을 전달하고 기념사진 촬영도 했다.

임용장은 어쩌면 가벼운 종이 한 장일지도 모른다. 공직에 들어온 사람이라면 임지가 바뀔 때마다 받는 익숙한 절차이기도 하다. 하지만 처음 받는 그 한 장의 의미는 누구에게나 크고 깊다. 가장 낮은 자리에서 시작하는 직원을 위한, 가장 큰 배려라는 생각이 들었다. 별것 아닌 날을 특별한 날로 만드는 데는 작은 관심과 따뜻한 마음이 필요하다. 새로 임용된 학생은 지적장애인이었다. 그날 그의 마음이 어땠는지는 물어보지 않았지만 직원 한 사람 한 사람을 소중히 여기는 기관장의 마음은 분명히 느껴졌다.

처음 임용장을 받는 날은 인생에서 잊지 못할 순간이다. 사회의 정식 구성원으로 인정받는 날이기 때문이다. 그 소중한 순간을 진심과 감동으로 채워주는 리더의 섬세한 배려는 직원들의 마음속에 오래도록 따뜻한 울림으로 남는다.

그렇게 임용된 직원은 동료들의 따뜻한 배려 덕분에 도우미 선생님 없이도 점차 잘 적응해 갔다. 아직 학생 신분으로 근무 중이던 그는 근무하던 중 특수학교 전공과를 졸업하게 되었다. 어느 날, 아버지는 일찍 돌아가셨고 어머니도 편찮으셔서 졸업식에 아무도 참석하지 못할 거라는 이야기를 들었다. 그 소식을 들은 우리 부서에서는 그의 졸업식에 '꽃다발이라도 사 들고 가서 축하해 주어야 하지 않겠느냐?'는 이야기가 나왔다. 십시일반으로 돈을 모아 꽃바구니를 사서 몇 명의 직원이 졸업식에 참석하기로 했다. 졸업식 당일, 이 소식을 들은 기관장도 마침 특별한 일정이 없다며 함께 참석하겠다고 했다. 결국 우리 기관에서 네 명의 직원이 졸업식에 함께하게 된 것이다. 예고 없이 나타난 타 기관장의 등장으로 학교 측은 당황했지만 내빈석에 명패를 마련하고 인사 소개를 하기도 했다. 하지만 교장으로서 "졸업생이 취업한 기관에서 졸업생이 그만큼 사랑받고 있다는 반증이기에 가슴 뿌듯하다."라며 감사를 전해 왔다. 졸업식이 끝난 뒤, 함께 간 직원들은 문득 어린 시절 졸업식이 떠올랐다. 그때 부모님과 함께 먹었던 자장면이 생각났고 그날도 따뜻한 마음으로 함께 자장면을 나누었다.

　소중하지 않은 직원은 단 한 사람도 없다. 공장의 생산 라인에서 모든 톱니바퀴가 정확히 맞물려 돌아갈 때 비로소 좋은 제품이 만들어지듯, 조직도 각자의 자리에서 각자 몫을 다할 때 제대로 굴러간다. 그런 직원 한 사람 한 사람에게 진심 어린 관심과 사랑을 쏟는 리더야말로 진정으로 사랑이 가득한 리더다.

위와 아래의 화합이란 단지 베풀고 받는 데 그쳐서는 안 된다. 함께 느끼고 즐기고 아파하는 감정적인 교류가 있어야 진정한 소통이 된다.

어떤 선배로 남을 것인가

세월이 흘러 이제는 선배보다 후배가 더 많다. 인사 발령 명단에서 내 이름이 점점 앞쪽으로 이동할수록 퇴직이 가까워지고 있음을 실감한다. 이제는 후배들에게 어떤 선배로 기억될 것인가가 고민이다. 지위가 높고 능력이 뛰어난 사람보다는 따뜻하고 좋은 사람으로 남고 싶다. 대단한 사람은 때로는 타인에게 부담이 되지만, 따뜻한 사람은 사람들에게 위로와 행복을 줄 수 있기 때문이다.

물론 화려한 업적과 경력을 쌓은 분들은 그 열정이 남달라 경탄스럽다. 그러나 왠지 가까이 다가가기에는 거리감이 느껴진다. 그보다는 만나서도, 헤어진 뒤에도 마음이 편안한 사람이 좋다. 내 속마음을 털어놓아도 흉잡힐까 걱정되지 않고, 돌아서서도 후회하지 않을 사람과 만나고 싶다. 직장에 그런 동료가 있다면 그것은 큰 축복이다.

　나는 선하고 품격 있는 사람이 되고 싶다. 품격 있는 사람의 향기는 사라지지 않고 멀리 퍼져 간다. 『순자』에는 군자의 삶을 난초에 비유한 구절이 있다. "난초는 깊은 숲에서 자라지만, 찾는 이가 없다고 해서 향기를 멈추지는 않는다." 난초가 언제나 향기를 풍기듯 군자 역시 사람들이 알아주든 말든 묵묵히 자기 길을 걸어간다는 뜻이다. 난초의 은은한 향기가 방 안 가득 번지듯, 사람의 품격 또한 특별한 것이 아니라 생활 속에서 뭉근히 배어나와 은근히 드러난다.

　그 사람이 인생에서 추구하는 삶의 철학과 가치관은 무엇인지, 무엇을 위해 사는지, 또 그것을 위해 어떻게 살아가는지가 결국 그 사람의 품격이 될 것이다. 품격 있는 사람을 말할 때 지위가 높고, 돈이 많고, 학식이나 예술적 소양이 풍부하다고 해서 품격 있다고 하지 않는다. 그것은 능력이라 할 수 있을 뿐, 품격이라 하지는 않는다.

　돈이 많지는 않아도 가진 것을 나눌 줄 아는 인정과 배려의 품격, 절제된 말 속에서도 상대를 존중할 줄 아는 말의 품격, 자신에게 유리한 상황에서도 정의와 원칙을 지킬 줄 아는 행동의 품격, 물질적 화려함보다는 삶의 태도와 신념이 빛나는 삶의 품격, 그리고 꾸준히 배우고 성찰하며 성장하는 자세에서 나오는 품격을 갖추고 싶다.

나는 그런 품격 있는 선배를 곁에서 본 적이 있다. 출근하여 업무 시작 전에는 한 줄 성경을 읽으시고, 목소리는 크지 않았으나 늘 지금의 상황에 감사한다는 말씀을 하셨다. 생활은 반듯하고 성실했으며, 검소한 태도와 꾸준히 공부하는 모습을 후배들에게 보여주셨다. 그 선배의 품격은 난초의 향기처럼 후배들에게 번져 큰 영향을 주었고, 공직을 떠난 지금도 여전히 변함없으시다.

또한 형편이 넉넉하지 않아도 적은 월급에서 떼어 오지의 아이를 후원하며 성장을 지켜보는 후배도 있다. 자신에게 유리한 것이 무엇인지 알면서도 원칙을 지키며 바른 길로 가려고 노력한다. 스스로를 화려하게 꾸미지는 않지만, 맡은 일에 최선을 다하는 모습이 오히려 더 아름답게 빛난다. 그런 선배, 그런 후배와 함께 동고동락할 수 있었다는 것은 내게 큰 행운이었다. 그들의 품격은 존경과 신뢰를 낳는다.

이제는 내 차례다. 사람을 존중하고, 원칙을 지킬 줄 알며, 겸손하되 결단력 있고, 배려와 내면의 깊이를 갖춘 품격 있는 선배가 될 수 있도록 지금부터라도 달려가 보자.

인사로 '인싸' 되는 법

인사 잘하는 사람은 자다가도 떡을 얻어 먹는다. 밝은 표정과 상냥한 말씨로 분위기를 환하게 하는 사람은 오래 기억되고, 자꾸 만나고 싶어지며 그날의 기분을 좋게 만들기도 한다. 아침 인사는 특히 더 그렇다.

어떤 상사는 아침에 출근하면 앞문으로 들어와 자신의 자리가 있는 쪽을 향해 사무실을 한 바퀴 돌며 인사를 나눈다. 어떤 상사는 인사 없이 자리로 그냥 들어간다. 그런 경우 인사를 하러 일부러 상사에게 가는 직원도 있고, 결재할 일이 있을 때 인사를 하거나, 아예 때를 놓쳐 종일 인사 없이 지낼 때도 있다.

인사는 '인싸'를 만든다. '인싸'는 'insider'의 준말이다. 아웃사이더와 정반대로 사람들과 적극적으로 어울리고 분위기를 띄우며 호감을 주는 사람이다. 인사를 잘하는 사람들은 대체로 항상 밝고 적극적으로 말하고 행동한다. 적극적인 사람은 상대의 태도와 관계없이 먼저 가서 인사한다.

"안녕하세요! 날씨가 화창하네요! 조심히 들어가세요! 고생 많으셨습니다." 하며 먼저 인사한다. 인사를 잘하려면 어떻게 해야 하는지 생각해 볼 일이다. 그저 인사를 하는 것과, 인사를 잘하는 것과는 다르다.

잘하는 인사는 어떤 인사인가?

첫째, 태도에 있다. 인사를 할 때 진심 어린 미소와 밝은 톤으로 표현한다. 작은 인사말에도 상대방에게 기분 좋은 에너지를 담는다. 그런 인사를 건네는 사람을 만나면 늘 반갑고 기분이 좋다.

둘째, 타이밍을 잘 맞추어야 한다. 적절한 순간에 먼저 인사를 건네야 상대방에게 좋은 인상을 남길 수 있다. 아침 인사를 놓치고 나중에 마주치면 어색하고 멋쩍다. 아침에 먼저 건네는 밝은 인사가 가장 좋은 타이밍이다. 누가 먼저 인사하는 게 좋을까? 아랫사람이 먼저 윗사람에게 인사를 건네야 할까? 아니다. 먼저 보는 사람이 먼저 인사하는 것이 순서다. 내가 윗사람이니 아랫사람이 먼저 인사하길 기대하며 기다릴 필요는 없다. 퇴근할 때는 고마움을 담아 수고했다는 인사를 전할 수 있다.

셋째, 인사말 뒤에 상대의 이름을 불러주거나, 눈을 마주치며 진심을 담아 인사를 나눈다. "안녕하세요!"라고 말은 하지만, 표정도 없고 바라보지도 않은 채 건성으로 인사를 하면 진정성이 없어 보여 때론 불쾌하기도 하다. 나이가 많거나 직책이 높은 사람에게만 더 공손할 필요는 없다. 누구에게나 공평하게 존중과 배려가 느껴지도록 인사하는 것이 좋다.

넷째, 만날 때마다 인사한다. 어떤 날은 아침에 만난 사람을 점심때도 만나고, 퇴근할 때 또 만나는 경우도 있다. 아침에 한 번 인사했으니 안 해도 되겠거니 생각하지 말자. 꾸준히 인사를 잘하는 사람은 신뢰감을 준다. 형식적이지 않게 또 다른 인사말로 친근감을 표현할 수 있다.

다섯째, 인사 후에 간단한 안부를 물어보자. 물론 어느 정도 안면이 있는 경우에 한정한다. 단순히 "안녕하세요."에서 끝내지 말고, 간단한 안부나 칭찬을 건네면 좋은 관계로 발전할 수 있다.

인사를 잘하면 어떤 좋은 점이 있을까?

첫째, 좋은 첫인상을 남기고 신뢰감을 준다. 밝고 긍정적인 인사는 상대방에게 친근감을 주고 좋은 이미지를 남긴다.

우리 사무실에 올 때마다 인사를 정중하게 잘하는 직원이 있었다. 만날 때마다 항상 깍듯하게 90도 각도로 인사를 해서 처음에는 그냥 그러려니 했는데, 나중에는 "저 사람 어느 부서 누구야?" 하고 물어보게 되었다. 그 사람의 이름을 기억하게 되었고, 자연스럽게 '예의 바르고 신뢰할 수 있는 사람'으로 각인되었다. 나중에 알고 보니, 인사를 잘하는 것처럼 일도 잘한다는 이야기를 들었다.

둘째, 그런 신뢰감을 통해 다른 사람과의 관계가 원만하게 유지될 수 있고, 문제 상황에서도 대화의 문을 열기 쉽다.

셋째, 인사를 통해 서로 좋은 인상을 주어 협력적인 분위기가 형성된다.

넷째, 긍정적인 감정 교류로 일상에서 따스함과 안정감을 느끼게 된다.

인사 하나만으로도 사회생활을 잘할 수 있다. 인사는 습관이다. 어떻게 하면 호감을 줄 수 있을지 거울을 보며 인사할 때 내 모습과 표정을 살펴보자.

성공과 실패는 내 안에서 결정된다

■ 열정 주도 리더십

　열정은 '해야 할 일'을 '하고 싶은 일'로 바꾸어준다. 얼마나 절실히 원하느냐가 열정을 만든다. 무엇을 원하는가가 아닌 얼마나 간절한가를 들여다보면 그 일을 열정적으로 끝까지 성취할 수 있는지 가늠해 볼 수 있다

■ 긍정 에너지 리더십

　리더의 표정이 어두우면 직원들은 곧장 눈치를 보기 시작한다. 반대로 리더가 밝은 표정으로 미소를 지으면 수많은 미소로 퍼져나가 사무실의 분위기 전체가 환해질 수 있다.

■ 소통 영향력 리더십

　상사가 던진 한마디에 조직의 분위기가 싸늘해지기도 하고 따뜻해지기도 한다. 상대를 배려하는 말하기는 어떻게 해야 할까? 첫째, 상대와 교감하며 말하기다.

■ 서번트 리더십

　칭찬 대신 '고마워'라고 말해보자. 행동이 아닌 존재에 주목하면 능력이 부족하다고 여겨지는 직원에게도 얼마든지 전할 수 있는 말이다.

■ 지속 성장 리더십
잭 웰치는 리더가 되기 전에는 자기 성장이 성공의 전부다. 그
러나 리더가 된 후에는 다른 사람들을 성장시키는 것이 성공
의 전부다라고 말했다. 빠르게 변화하는 세상에 필요한 도구
가 무엇인지, 또 직원들을 어떻게 성장시킬 수 있을지를 진지
하게 고민해야 한다.

■ 내적 동기 리더십
성공과 실패는 결국 내 안에서 결정된다. 세상 사람들이 실
패했다고 해도 자신을 믿고 도전할 수 있는 용기가 있다면
그것은 실패가 아니다.

■ 인간 중심 리더십
별것 아닌 날을 특별한 날로 만드는 데는 작은 관심과 따뜻
한 마음이 필요하다. 소중하지 않은 직원은 단 한 사람도 없
다. 그런 직원 한 사람 한 사람에게 진심 어린 관심과 사랑을
쏟는 리더야말로 진정으로 사랑이 가득한 리더다.

조용한 영향력
현장에서 검증된
실천 리더십 가이드

첫판 1쇄 펴낸 날 2025년 10월 25일

지 은 이 · 최미섭
펴 낸 이 · 유정숙
펴 낸 곳 · 도서출판 등
기   획 · 유인숙
관   리 · 류권호
디 자 인 · 김현숙
편   집 · 김은미

주   소 · 서울시 노원구 덕릉로 127길 10-18
전   화 · 02.3391.7733
이 메 일 · socs25@naver.com
홈페이지 · dngbooks.co.kr

정 가 · 19,000원